中央编译局出版基金资助出版

郭海龙 | 著

# 自由人的联合

## G.D.H.柯尔的社会主义思想研究

The Community of Freeman

中央编译出版社
Central Compilation & Translation Press

# 目 录

导 论 ………………………………………………………………… 1

**第一章 柯尔社会主义思想产生的背景** ………………………… 25
    第一节 柯尔社会主义思想产生的社会背景 …………………… 25
    第二节 柯尔社会主义思想产生的氛围 ………………………… 37

**第二章 基尔特社会主义** ………………………………………… 50
    第一节 基尔特社会主义的概念及其兴起 ……………………… 51
    第二节 柯尔的基尔特社会主义思想 …………………………… 57
    第三节 对柯尔的基尔特社会主义思想的评价 ………………… 75

**第三章 基础社会主义** …………………………………………… 78
    第一节 基础社会主义的含义及其提出的背景 ………………… 79
    第二节 基础社会主义的主要内容 ……………………………… 82
    第三节 对柯尔的基础社会主义思想的评价 …………………… 94

**第四章 超国家社会主义** ………………………………………… 98
    第一节 超国家社会主义的含义及其提出的时代背景 ………… 98
    第二节 超国家社会主义的主要内容 …………………………… 101
    第三节 对柯尔的超国家社会主义思想的评价 ………………… 108

第五章　柯尔社会主义思想的整体特征 …………………… 110
　　第一节　渐变性与一致性的统一 …………………………… 110
　　第二节　理性的激进主义 …………………………………… 116

结　语 ……………………………………………………………… 120

参考文献 …………………………………………………………… 130
后　记 ……………………………………………………………… 152

# 导 论

## 一、研究价值

乔治·道格拉斯·霍华德·柯尔（George Douglas Howard Cole, 1889—1959），是20世纪英国著名的工党理论家、史学家、社会学家、经济学研究者和作家，同时又是一位社会活动家。柯尔一生著述甚丰，仅理论作品就有30多部，此外写过大量的论文和评论。作为作家，他的小说有30多部。作为学者，柯尔曾担任牛津大学万灵学院政治与社会理论首任"齐切勒"（Chichele）讲席教授，和理查德·亨利·托尼（Richard Henry Tawney）[①]、哈罗德·约瑟夫·拉斯基（Harold Joseph Laski）[②]并称为英国20世纪三大"红色教授"。[③]

早在青年时期，柯尔受到各种社会主义思想的影响，在大学学习期间他加入了费边社。第一次世界大战期间，他曾积极投身反战运动，成为

---

[①] 理查德·亨利·托尼（1880—1962），英国著名经济学家、历史学家、社会批评家、教育家、成人教育家和基督教社会主义者。他创办了工人教育协会，对社会主义思想在英国公众中的传播起过重大作用。

[②] 哈罗德·约瑟夫·拉斯基（1893—1950），政治学家、理论家、费边主义者，英国工党领导人之一。他思想比较多变，是社会民主主义和政治多元主义的重要思想代表；一生著述甚多，反对共产主义，是改良主义的推崇者，大力宣传民主社会主义。

[③] 吴春华主编：《西方政治思想史》（第4卷），天津：天津人民出版社2005年版，第673页。

"社会主义有良知的反战者（socialist conscientious objector）"，① 并在这一活动中结识了自己后来的人生伴侣玛格丽特·波斯盖特（Margaret Postgate，1918年婚后更姓为柯尔）。柯尔夫妇是继韦伯夫妇之后又一对积极参与费边社活动的伉俪，在20世纪英国的社会主义史上占据重要的位置。柯尔积极参加英国20世纪早期十分活跃的基尔特社会主义运动，试图把费边社改造成基尔特组织，遇挫后，又发起创建了"全国基尔特联盟（National Guilds League）"。他还于1916—1924年担任过（费边社）劳动研究部②的名誉书记。

基尔特社会主义运动结束后，柯尔任教于牛津大学。他从1925年到1944年，在近20年时间里一直参加工人教育协会（Workers Education Association）的活动，③ 长时间担任过该协会的副主席。1929年，柯尔成为麦克唐纳内阁中以凯恩斯为主席的经济委员会成员，负责检查失业保险的落实情况。1931年，柯尔在费边社陷入停顿之际，放弃竞选议员和从政的机会，倡导成立了新费边研究局（New Fabian Research Bureau，NFRB）和社会主义咨询与宣传协会（Society for Socialism Inquiry and Propaganda，S. S. I. P. & Z. I. P.）。1936年前后，面对德国和奥地利法西斯势力对社会主义运动的镇压以及西班牙内战等国际形势，柯尔放弃了自己一战以来的和平主义立场，参加了英国社会主义联盟（Socialist League）④ 的组织工作及其倡导的人民阵线活动。

1937—1939年，柯尔担任新费边研究局主席，在他的领导和推动下，

---

① 柯尔在一战期间与威廉·密洛等人反战，密洛还曾因此被捕入狱。See Margaret Cole, *The Life of G. D. H. Cole*, London: Macmillan St. Martin's Press, 1971, p. 67.

② 该组织原来是费边社的一个下属机构，后来在柯尔的带领下脱离了费边社，由费边社劳动研究部更名为劳动研究部。

③ See Joseph Ira Hyler, *The Social Thought of George Douglas Howard Cole*, The Ohio State University, Ph. D. dissertation of political science, 1975, p. 4.

④ 社会主义联盟是1932年到1937年这段时间里工党内部的一个组织，聚集了大约3000名知识分子，其倡导者是斯塔福德·克里普斯，主要领导人有柯尔、安奈林·比万和哈罗德·拉斯基等工党左翼人士。社会主义联盟的主要工作是促使工党同共产党和独立工党建立反法西斯的人民阵线，后来，柯尔为避免左翼力量分裂，做出让步，让社会主义咨询宣传协会并入社会主义联盟。在工党执委会的压力下，社会主义联盟于1937年解散。

费边社与新费边研究局合并，并且柯尔在1939—1946年担任重组后的费边社首任主席（从此开始，费边社正式成为英国工党的集体成员）。二战期间，柯尔参加了由威廉·贝弗里奇爵士①（Sir William Beverage）领导的人力需求委员会（Man-Power Requirement Committee）［该委员会处在以工党政治家欧内斯特·贝文②（Ernest Bevin）为大臣的劳工部监督之下］，并在1941至1944年主持了纳菲尔德（Nuffield）社会重建调查。③ 1946年，由于费边社内部在对外政策方面的分歧，柯尔辞去了费边社主席职位，由拉斯基接任。在拉斯基身陷官司后，柯尔在1948—1950年间再度担任费边社主席，并在1952—1959年担任费边社荣誉性职务——社长。1944—1957年，柯尔出任牛津大学万灵学院政治和社会理论的"齐切勒"讲席首位教授。1952年，他供职于联合国教科文组织（UNESCO），并到美国罗斯福大学访学，担任客座教授。1956年，柯尔还推动创建了一个国际社会主义研究社（International Society for Socialist Studies，ISSS），意在使其在欧洲范围内成为费边社在英国那样发挥社会主义思想灌输（infuse）作用的机构。柯尔还从1925年至1959年一直组织"柯尔小组"（Cole Group）的活动，该小组的成员每周定期会晤，商讨思想和形势。

在上述人生经历中，柯尔形成了三个部分社会主义思想，即基尔特社

---

① 威廉·贝弗里奇爵士（1879—1963），英国经济学家及社会问题和失业问题专家，福利国家政策的理论建构者之一。他生于印度，是英国驻印度文官之子，在牛津巴利奥尔学院受教育，1909—1916年任劳工介绍所所长，1919年受封为爵士。1919—1937年他任伦敦经济学院董事，并于1919年任伦敦经济学院院长，1937年任伦敦大学校长。他于1942年发表《社会保险报告书》（Report on Social Insurance，即著名的《贝弗里奇报告》），在报告中，他提出建立"社会权利"新制度和包括失业及无生活能力者之公民权、退休金、教育及健康保障在内的新理念。他倡议为所有英国公民提供社会保障制度，从而制定出了英国二战后福利国家的蓝图。受柯尔充分就业观点和凯恩斯主义的影响，他于1944年发表《自由社会的全面就业》一书，主张由国家及市场导向的私人企业来联合运作，对当代社会福利制度深具影响。因此，1946年，他受封为男爵，是和凯恩斯齐名的进步自由党人的代表。

② 欧内斯特·贝文（1881—1951），英国政治家、工党领导人，20世纪上半叶最有影响力的工会领袖之一。在二战后的工党艾德礼政府中，他担任外交大臣（1945—1951），和艾德礼形成"双子星座"，共同主导了英国战后六年的外交格局，为二战后欧洲经济的复苏和北大西洋公约组织的形成做出了贡献。

③ 参见［日］松村高夫：《G. D. H. 科尔和纳菲尔德社会重建调查（1941—1944年）》，贺喜译，《"世界近现代史研究（第六辑）"学术会议录》，2009年12月1日。

会主义思想（前期）、基础社会主义（中后期）和超国家的社会主义（中后期）。柯尔中后期的基础社会主义和超国家的社会主义等社会主义思想是对早期的基尔特社会主义思想的继承和发展，三者虽然有着一些共同点，但在概念上是互不隶属的并列关系。柯尔中后期的社会主义思想也是对其早年基尔特社会主义思想的扬弃：他中后期的两种社会主义主张既保持了基尔特社会主义强调的个体自由的出发点，又放弃了基尔特社会主义对代议制的完全排斥，实现了对基尔特社会主义的"超越"。总的来说，柯尔的社会主义思想以个体自由为出发点，以小范围（如基尔特、车间、社区）的自治为核心，反对集权。这些构成了柯尔三部分社会主义思想的整体特征。

在现代英国社会主义思想史上，柯尔关于社会主义的思想和主张，曾有过不小的影响，以至于有学者把1929—1933年称作"柯尔时代"[①]（the Age of Cole）。他的基尔特社会主义思想和以职能原理为特征的多元主义政治观确实吸引了很多人。柯尔被认为是和拉斯基等齐名的多元主义理论代表人物，他"完全否定代议制"和主张直接民主的职能民主论也被认为属于参与型民主的一个重要派别。有论者则认为，柯尔和托尼、莱昂纳多·伍尔夫[②]（Leonanrd Woolf）等人一起创立了民主社会主义的理论。[③]

1957年柯尔从"齐切勒"讲席退休后，其继任者、著名的自由主义者以赛亚·伯林（Sir Isaiah Berlin）对柯尔做出了高度评价。伯林称赞他为："一位完全独立、诚实和勇敢的政治思想家；一位异常明晰而雄辩的作家兼演说家，一位诗人兼小说家；一位天才的导师与观念的推进者（animateur des idée）。"伯林指出，包括他自己在内的一整代牛津人，都是通过听柯尔的课和读他的书，才了解诸如政治科学与道德

---

[①] Neil Riddell, "'The age of Cole?' G. D. H. Cole and the British Labour Movement 1929 – 1933", *The Historical Journal*, Vol. 38, No. 4, Dec. 1995, p. 933.
[②] 莱昂纳多·悉尼·伍尔夫（1880—1969），英国政治理论家、作家、出版商和公务员。
[③] 参见张志洲：《英国工党社会主义意识形态变迁研究》，北京：社会科学文献出版社2011年版，第126页注释②。

哲学关系之类重要问题的。① 伯林的这种说法并非夸张,内阁财政大臣、工党领袖休·盖茨克尔②(Hugh Gaitskell)和两届首相哈罗德·威尔逊③(Harold Wilson)作为柯尔的学生,就都通过其言传身教受到过直接影响。④

柯尔的社会主义思想在国际范围内也有相当大的影响。在两次世界大战之间对社会民主主义发挥过支配作用的"奥地利马克思主义"的主要代表者之一奥托·鲍威尔(Otto Bauer),对柯尔的基尔特社会主义就十分推崇,并承认自己从这种社会主义中受到了很大的启发。⑤ 又如"自由社会主义者"、意大利反法西斯斗士卡洛·罗塞利⑥(Carlo Rosselli)在其《自由社会主义》一书中认为:"自由社会主义"正是对以柯尔为代表的基尔特社会主义公民尽可能参与社会自治团体承担各种经济、社会、政治职能的同时,保留国家自身独特功能的赞同和推崇。⑦ 再如,受柯尔职能原理的启发,戴维·米特兰尼(David Mitrany)提出了国际功能主义理论

---

① See Isaiah Berlin, *Two Concepts of Liberty: An Inaugural Lecture Delivered before University of Oxford*, 31 October, 1958, Oxford: Clarendon Press, 1959, p. 5.
② 休·盖茨克尔(1906—1963),英国政治家,曾担任英国工党艾德礼政府财政大臣、工党主席。1951年英国工党下台后,他担任影子内阁首相,直到去世,这期间他领导新修正主义,该派被称作盖茨克尔派。在1955年,《经济学人》把保守党政府财政大臣巴特勒和时任影子内阁首相的盖茨克尔的"共识政治"被称作巴茨克尔主义。
③ 哈罗德·威尔逊(1916—1995),英国政治家,曾在1964—1970年、1974—1976年担任英国首相。当政期间,他注重机会平等,扩大受教育范围。此外,他是英国工党唯一的一位带领英国工党赢得四次大选的领导人。
④ Hugh Gaitskell, "At Oxford in the Twenties", in Asa Briggs, John Saville eds., *Essays in Labour History: In Memory of G. D. H. Cole 25 September 1889 – 14 January 1959*, London: Macmillan, 1960, p. 19.
⑤ 参见[奥]奥托·鲍威尔:《布尔什维主义还是社会民主主义?》,史集译,北京:生活·读书·新知三联书店1978年版,第117页。
⑥ 卡洛·罗塞利(1899—1937),意大利政治活动家、记者和反法西斯斗士。他发展了由英国工人运动尤其是基尔特社会主义运动所激发的非马克思主义的社会主义,并结合修正后的自由主义和修正后的社会主义,提出了被他称作"自由社会主义"的第三条道路(反对布尔什维主义和法西斯主义的中央集权、以自由为基础的社会主义)。因此,他也被正统社会主义者称作异端。他组织过自由与正义运动,试图联合所有力量反抗法西斯统治,因此曾遭意大利被墨索里尼政府监禁,后逃脱。他流亡时站在西班牙共和派一边参加了西班牙内战,后被法西斯分子暗杀。
⑦ 参见[意]卡洛·罗塞利:《自由社会主义》,陈高华译,长春:吉林出版集团有限责任公司2008年版,第74页。

(international functionalism),该理论被认为促进了欧洲一体化①,如二战后为了制止战争而成立的欧洲煤钢联营就是受该理论影响而组建的国际组织。

对于这样一位在历史上留下了可贵思想遗产的人物,是应该细致深入地加以研究并做出全面公正的评价。

在我国,由于长期以来政治和意识形态等方面的原因,柯尔的社会主义思想并没有得到应有的关注和研究。迄今为止,还没有见到系统分析阐述其思想和活动的硕、博士学位论文或专著,期刊发表论文的数量也很有限。鉴于此,本书广泛收集国内外各种有关的研究成果,在此基础上,对柯尔的社会主义思想进行较为全面的梳理、研究和总结,以求弥补这个领域中的不足。

柯尔是 20 世纪英国社会主义的一位重要人物,对他的研究也有助于加深对英国社会主义思想史和英国左翼政治思想的理解。英国社会主义在欧洲社会主义中占有重要位置,但与西欧大多数国家的社会主义相比,它具有自己的独特性。英国这个岛国所特有的历史传统,充分发展起来的两党政治、议会内阁制,成熟的自由民主制度,使得英国社会主义运动中自由主义的影响比较突出。柯尔本人以个体自由为出发点的社会主义思想,正彰显了英国社会主义的这种独特性。通过对柯尔的研究,可以从一个侧面进一步了解这种特性。

柯尔的社会主义思想和活动与英国工党密切相关。如今对英国工党的研究,大多集中在当代,集中在艾德礼政府与布莱尔政府时期,而对麦克唐纳、威尔逊和卡拉汉政府时期的研究则比较少;对工党在野时期,尤其是二战前英国工党的发展状况研究也比较匮乏。而柯尔发挥影响最大的时期正是在两次世界大战之间,通过研究柯尔的社会主义思想,可以从侧面加深对这一时期英国工党兴起和在政坛起伏历史的理解。

不仅如此,英国工党是欧洲社会民主主义政党中的重要一支,对全欧

---

① See Leonie Holthaus, "G. D. H. Cole's International Thought: the Dilemmas of Justifying Socialism in the Twentieth Century", *The International History Review*, 2014, Vol. 36, No. 5, p. 859.

洲的社会主义运动都产生过巨大影响。它积极推动了社会党国际的建立，实行了二战后以国有化和福利国家为核心的、和平的社会变革。战后几十年中，包括英国在内的西欧广泛推行了福利国家政策，形成了不同于美、苏，更不同于第三世界的、独特的民主社会主义模式。对于这些，国内研究仍然远远不够。因此，对柯尔的研究也有助于加强对这些政党的研究。

最后，从更广泛的视野来看，柯尔所属的那种强调自由、民主和自治的社会主义思想流派，是世界社会主义中在我国仍不为人们所了解、所熟悉的那一类型。大众一般所熟悉的是苏联模式的国家至上、高度集权的社会主义，而人们想当然地把这种社会主义认定为马克思主义甚至一切社会主义了，一旦这种社会主义遇到挫折或者失败，社会主义便会遇到普遍的厌恶、讥笑甚至詈骂，研究社会主义的人也被认为是守旧、顽固，逢迎拍马或趋炎附势之辈，社会主义作为一门学科的威信岌岌可危。这种认识当然有极大的片面性且简单化了。要了解世界社会主义的多样性和各自的独特性，十分有必要较为深入地研究柯尔及其所属社会主义流派的内容及其价值。

## 二、国内外研究综述

### （一）国内的研究

1. 民国时期

中国人对柯尔的了解，始于五四时期。在当时先进知识分子热情地推介西方的各种学说，从中寻找救国图强方案的浪潮中，柯尔的许多著作被译成中文①，对思想界产生了一定的影响。柯尔早期的著作在中国广泛传

---

① 民国时期，学术界翻译出版了柯尔的许多作品，主要有：《基尔特社会主义发凡》（郭梦良、徐六几译，1920年），《劳动之世界》（胡善恒译，1922年），《社会论》（张东荪、吴献书译，1922年），《英国劳动阶级运动史》（程希孟译，1930年），《英国最近之社会与经济政策》（汤浩译，1930年），《政治与文学》（郭祖勋译，1931年），《基尔特社会主义》（吴献书译，1932年），《现代欧洲政治经济》（樊仲云译，1935年），《马克思之真谛》（谌小岑译，1936年），《社会论》（吴献书译，1936年），《论政治学与经济学之关系》（徐渭津译，1936年），《政治原理与经济原理之关系》（孟云峤译，1936年）和《现代政治》（王聿修译，1937年）。

播，形成一股社会思潮，响应了当时在英国的基尔特社会主义运动。

不过，当时旅居德国的"研究系"① 成员张君劢，虽一度对基尔特社会主义产生过兴趣，但是认为其过于空泛、不切实际，从而对其进行了批评。张君劢在《悬拟之社会改造同志会意见书》② 和《论职业代表及德国暂时生计会议组织法》（后收入《新德国社会民主政象记》③）等文章中，曾多次明确表态反对基尔特社会主义及"职能分权"的思想，主张像德国魏玛共和国那样坚持议会民主制，而将基尔特仅仅设置为单纯的咨询机构。他明确褒扬麦克唐纳源于魏玛宪法关于议会政治方面观点的务实性，批评柯尔以基尔特公社与国家相对立的观点，认为柯尔太过空谈。张君劢持有根深蒂固的国家主义（Statist）观念④，是其不赞同基尔特社会主义的主观原因。

1923 年，北京大学的高一涵⑤在《柯尔的国家性质新论》中阐述了柯尔否定国家单一主权的观点，进一步说明了柯尔认为国家只是社会中政治团体的一员，国家的构造和性质取决于社会的看法。⑥

1924 年，台湾政治大学的郭梦良⑦在《柯尔与卢骚》（卢骚即卢梭——笔者注）一文中认为，柯尔在研究卢梭时有两个特点。一是发现了卢梭的两个局限（表达方式和概念的时代局限性）。二是重视卢梭发现的永久性作用（这种作用在一般人所认知的历史作用之外），即用卢梭的方法解决卢梭所担心的问题。比如卢梭认为组织规模过大，不利于民主，解决的方法是把大规模的群体分割为小组。人们以美国实行代议制民主的成

---

① 研究系是脱胎于民国初年的进步党的一个政治派系，得名于 1916 年在北京成立的"宪法研究会"，其领袖人物是梁启超、汤化龙，其骨干分子是在 1906 年的君主立宪运动中与梁启超合作过的一批官僚士绅。由于研究系始终想依靠皇族、军阀等旧势力来改良中国，所以曾经在政治上先后依附袁世凯、段祺瑞军阀势力而与国民党对立。
② 张君劢：《悬拟之社会改造同志会意见书》，载《改造》1921 年第 4 卷第 3 期，第 1—14 页。
③ 参见张嘉森（张君劢）：《新德国社会民主政象记》，上海：商务印书馆 1922 年版。
④ 张君劢后来担任主张国家主义的政党国家社会党的领导人，该党后改造成民主社会党，和青年党一起在抗战后成为追随国民党的第三势力。
⑤ 高一涵（1885—1968），新文化运动的干将之一。
⑥ 参见高一涵：《柯尔的国家性质新论》，载《社会科学季刊》1923 年第 1 卷第 2 号（1923 年 2 月）。
⑦ 郭梦良（1898—1925），民国时期社会学研究者。

功为例轻率地认为卢梭所提出的问题已经解决,但是这种大规模的民主造成的结果是行政官员越来越以社会的主人自居,从而证明了卢梭的担心已经变成了现实;而柯尔的基尔特社会主义正是试图用卢梭的办法解决卢梭所担心的问题。[1]

当时,柯尔也作为多元主义者受到了关注。从1920年开始,政治多元论在西方大为流行,当时的代表人物有法国的狄骥(Léon Duguit)[2]、英国的拉斯基、柯尔以及美国的杜威(J. Dewey)等。萧公权[3]把柯尔的社会主义思想纳入多元主义行列。萧公权指出,柯尔最初把国家作为消费者的组织,只承认其经济机能,并将其与"基尔特"相区别,强调国家与基尔特的协作关系;后来他转变想法,开始主张职能代表制。萧公权认为,S. G. 霍布森[4](Samuel George Hobson)与柯尔的主张背后隐藏着一元论的影子,萧公权在承认基尔特社会主义者主张的经济自治与产业自由重要性的同时,推测多元论最后的胜利将有可能意味着经济一元论的挫折和政治一元论的复活,特别是在其伦理方面。[5]

这一时期,就柯尔的基尔特社会主义研究而言,孙中山是另一个代表人物。孙中山虽然对基尔特社会主义只是大致了解,但他认为基尔特社会

---

[1] 参见郭梦良:《柯尔与卢骚》,载《东方杂志》1924年第21卷第1期。

[2] 莱昂·狄骥(1859—1928),法国重要的行政法学者。他认为,国家不是神秘的凌驾于臣民之上的主权,而仅仅是将公民组织在一起提供公共服务的机构。虽然他批评主权观念、法律人格和非社会目的财产权,但是他并没有强调经济对国家发展的作用。

[3] 萧公权(1897—1981),中国近代著名政治思想家。他早年就读于清华大学,五四运动时,萧公权与同学共创《晨锺》日报,并因此立志学习新闻。他清华毕业,在康奈尔大学哲学系取得博士(博士论文题目为《政治多元论》)。他后在南开大学、东北大学、燕京大学和清华大学等校任教。1948年,萧公权当选"中华民国"第一届"中央研究院"院士。1949年底,他赴美出任华盛顿大学教授,直至病逝。他擅长政治学与社会史,学贯中西,著有《政治多元论》、《中国政治思想史》、《中国乡村》和《康有为思想研究》等;遗著辑成《萧公权全集》。

[4] 塞缪尔·乔治·霍布森(1870—1940),基尔特社会主义理论家。他早年曾经担任费边社执行委员,并为独立工党的《劳工领袖》(*Labour Leader*)撰写稿件;曾代表地方工党参加议员选举,为《新时代》撰写稿件。他首次构建了基尔特社会主义理论,并发明了"基尔特社会主义"这一术语。他参与创建了全国基尔特联盟,但后来与柯尔产生了分歧。他还创建过全国建筑基尔特,但最后该公司破产。

[5] See Kung Chuan Hsiao, *Political Pluralism: A Study in Contemporary Political Theory*, London: Routledge, 2002, c1927, pp. 119–125.

主义不符合中国的国情。1922 年他就曾对记者约翰·白莱斯福说:"余曾览柯尔之书,对于基尔特制度尚未完全研究,但余觉依吾人经验尚不足使吾人坚持此项制度。"①

1934 年,盤错②的《柯尔氏现代政治概览》③一文认为,柯尔的《现代政治》既不像各种政治类教材那样概述各国政治制度,也不像拉斯基的《政治典范》(The Grammar of Politics)那样构建自己的理论体系,而是诊断社会、开出药方的社会改造方案。该文写道,柯尔比较了英、法、美议会政治和德、意、俄独裁政治的区别,对俄国与德、意的"独裁"进行了区分。并且,该文认为独裁离不开一定的信条,如哲学主张或种族政策。柯尔认为在有秩序的社会才有自由可言,没有秩序就没有自由。该文认为柯尔改变了最初的基尔特社会主义时期的观点。柯尔认为自己的学说可能并不符合当时的需要,但他认为,马基雅维利提出的关于意大利统一的主张④也是在其 300 年之后才实现的,由此,柯尔认为自己学说是符合未来趋势的。

1935 年,罗家伦⑤的《1935 新刊介绍与批评:"*Some Relations between Political and Economic Theory*" by G. D. H. Cole, 1934, Macmillan & Co., London》开篇认为柯尔的书通俗易懂,没有学究气,认为柯尔虽不是唯物主义者,但是他论证了经济与政治之间紧密的相互关系:经济是政治的基

---

① 《与约翰·白莱斯福的谈话》,见《孙中山全集》第 6 卷,北京:中华书局 1985 年版,第 637 页。

② 盤错:生卒年不详,他除了对柯尔的书进行评论外,也对 *Can Europe Keep the Peace?*(By Frank H. Simonds)进行了评论:《美国西门氏著"欧洲能否保持和平?"(一九三四年版)》[参见《宇宙》(香港)1934 年创刊号,第 33—35 页]。

③ 盤错:《柯尔氏现代政治概览》,《宇宙》(香港)1934 年第 2 期,第 39—42 页。

④ 马基雅维利通过对各种政治因素的分析得出结论:"意大利的当务之急是实现国家统一。"参见周春生:《马基雅维里思想研究》,上海:上海三联书店 2014 年版,总论第 7—8 页。

⑤ 罗家伦(1897—1969),我国近代著名的教育家、思想家和社会活动家。"五四运动"的命名者。五四运动唯一的印刷传单《北京学界全体宣言》就是其亲笔起草,其中提出了"外争国权,内除国贼"的口号。后来,他还曾担任"中央大学"和台湾"清华大学"校长之职;南京大学今天的校训"诚、朴、雄、伟"就是罗家伦提出的。他于 1949 年赴台,先后出任台湾当局顾问、国民党中央评议委员、国民党党史会主任委员等职。

础,而政治也可以为了自身需要对经济加以操纵。①

2. 中华人民共和国成立后到20世纪末

1949年后的很长一段时间里,柯尔及其思想一直未得到认真研究。他的一些重要著作被译成了中文,这固然有助于对他的了解,但正文前面通常加上严厉批判和否定的序言或出版说明,作为批判材料出版。这体现了那一时期的政治特色。

(1)《社会学说》译者所做的评论

1959年,李平沤翻译了《社会学说》,在出版说明中,译者认为,柯尔本人是"庸俗经济学家、历史学家和社会学家,是右翼工党的思想家和帝国主义辩护士","自称不愿参与实际政治……但其全部'研究'无非是为工党献策,为垄断资本家的统治编造理论依据;并且事实上他也曾担任过工党麦克唐纳政府的经济顾问"。② 译者认为,柯尔早年致力于宣传劳工运动和基尔特社会主义,而基尔特社会主义不合时宜、抵制马克思主义③,柯尔本人也"否定马克思主义"。④ 译者在出版说明中旁征博引,认为柯尔对苏联式的革命进行了"污蔑",对西欧的共产党进行了"诽谤"。⑤ 这种评价客观上反映了1959年中国的思想背景和时代风气。

《社会学说》的译者除批判柯尔的基尔特社会主义这种"修正主义"外,也介绍了一些史实。在列出柯尔学术思想贡献的基础上,译者阐述了柯尔与其他基尔特社会主义者如霍布森的重要差别,认为柯尔是基尔特社会主义的集大成者:"基尔特社会主义,发轫于1912年……这派理论的创始人是新闻记者和社会活动家霍布森……柯尔是总其成者。"⑥ 接着,译者

---

① 参见罗家伦:《1935新刊介绍与批评:"Some Relations between Political and Economic Theory" by G. D. H. Cole, 1934, Macmillan & Co., London》,载《国立武汉大学社会科学季刊》第5卷第4期,1935年,第891—897页。
② [英] G. D. H. 柯尔:《社会学说》,李平沤译,北京:商务印书馆1959年版,出版说明第1页。
③ 参见柯尔:《社会学说》,北京:商务印书馆1959年版,出版说明第1—2页。
④ 参见柯尔:《社会学说》,北京:商务印书馆1959年版,第2页。
⑤ 参见柯尔:《社会学说》,北京:商务印书馆1959年版,第2页。
⑥ 参见柯尔:《社会学说》,北京:商务印书馆1959年版,出版说明第2—3页。

对基尔特进行了概述,描述了基尔特的特征。认为"基尔特分为两类:一类是按地区分的,有地方的、区的和全国的基尔特;一类是按行业分的,有生产基尔特和服务基尔特"①。译者把柯尔在社会学说中的内容概括为三个核心:极端个人主义、职能原理和主权多元论。②之后,译者又回到了原有立场上,批判了柯尔的观念和立场,认为柯尔和伯恩施坦一样,是右倾机会主义。③

《社会学说》译本的出版说明还评论了柯尔对人民阵线的相关论述,译者在出版说明中引用了柯尔的话,但是误认为柯尔本人恐惧共产主义,④译者认为"(共产主义腐蚀工党分子的头脑)这句话也恰恰是柯尔自己的写照"⑤。不过,这与柯尔的真实立场是有出入的,实际上,柯尔当时的立场是通过社会主义联盟组织共产党和工党等左翼参加人民阵线,反击法西斯势力;人民阵线不仅是为眼前的选举服务,而且要成为日后推动英国通往社会主义的力量。

(2)《费边社会主义》译者所做的评论

1984年,柯尔的《费边社会主义》由夏遇南等翻译出版。⑥ 在"出版说明"中,译者从"现实社会主义"的标准出发对柯尔评论道,"作者从资产阶级改良主义立场出发,认为即使在战争情况下,仍有坚持社会主义宣传的必要,以便把社会主义作为二战后重建的指导思想"⑦。"作者心目中的社会主义并不是工人阶级当家做主、实行生产资料公有制和按劳分配的社会主义,而是要达到所谓'思想、使人人有同等机会、保证人人享有基本的生活水平、民主自由'等四种目的的社会主义。"⑧"作者甚至还认为,生产资料的公有制并不是实现社会主义的根本特征,而仅仅是实行社

---

① 柯尔:《社会学说》,北京:商务印书馆1959年版,出版说明第3页。
② 参见柯尔:《社会学说》,北京:商务印书馆1959年版,出版说明第3页。
③ 参见柯尔:《社会学说》,北京:商务印书馆1959年版,出版说明第3—4页。
④ See G. D. H. Cole, *The People's Front*, London: Victor Gollancz, 1937, p. 34.
⑤ 参见柯尔:《社会学说》,北京:商务印书馆1959年版,出版说明第2页。
⑥ 参见[英]G. D. H. 柯尔:《费边社会主义》,夏遇南、吴澜译,北京:商务印书馆1984年版,出版说明第i—ii页。
⑦ 柯尔:《费边社会主义》,夏遇南、吴澜译,北京:商务印书馆1984年版,出版说明第i页。
⑧ 柯尔:《费边社会主义》,夏遇南、吴澜译,北京:商务印书馆1984年版,出版说明第i页。

会主义目的的一种手段,因而就不是一切社会主义社会所必须实行的。"①此类评价,如今看来是不够公允的;"出版说明"把柯尔的观念直接等同于费边社的主张,也不符合柯尔自己的思想。柯尔本人在该书前言已经明确说明该书的主题"基础社会主义"是自己的见解,不是自己当时所领导的费边社的主张。② 不过,此书的译者已经不再明确把柯尔说成是"大资产阶级的忠实谋士"③、"帝国主义的辩护士"④,较之以前已经改进了不少。

(3)《社会主义思想史》译者的评论

从1977年开始,商务印书馆开始着手出版柯尔的五卷本《社会主义思想史》中译本,这部大部头著作直到1997年才出版完毕,仅仅译者就换了五批,可以想象作者笔耕不辍的情形。当时在中国,尚处于思想解放的前夕,改革的浪潮尚未触到意识形态的深层领域,因此,署名"商务印书馆编辑部"的出版说明中仍可看到强烈的意识形态倾向;但是,比起1959年的措辞,语气已经相对缓和,译者的介绍相对客观。柯尔被称作"工党分子、费边社分子",但译者承认了该书的贡献,"柯尔此书从一个侧面提供了一些历史情况和思想资料"⑤;对柯尔的贡献也做了有限的肯定,认为此书"对于我们了解那一百五十年内的社会政治思想,特别是了解马克思主义如何从芜杂的思想战场上披荆斩棘,去伪存真,在斗争中发展和壮大的历史,对于我们学习和总结国际上的思想领域两条路线斗争的历史经验,深入批判修正主义,尚有可供参考之处"⑥。但译者批判色彩仍然浓厚,例如,用"画皮"一词来形容柯尔等"机会主义者"⑦,显示了那个时代的思想氛围。

这个时期,除了上述翻译之外,还有部分论文涉及柯尔及其思想主

---

① 柯尔:《费边社会主义》,夏遇南、吴澜译,北京:商务印书馆1984年版,出版说明第 i 页。
② 柯尔:《费边社会主义》,夏遇南、吴澜译,北京:商务印书馆1984年版,第2页。
③ 柯尔:《社会学说》,北京:商务印书馆1959年版,出版说明第2页。
④ 柯尔:《社会学说》,北京:商务印书馆1959年版,出版说明第1页。
⑤ 柯尔:《社会学说》,北京:商务印书馆1959年版,出版说明第1页。
⑥ [英] G. D. H. 柯尔:《社会主义思想史》第一卷,何瑞丰译,北京:商务印书馆1977年版,出版说明第1页。
⑦ 柯尔:《社会主义思想史》第一卷,出版说明第1—2页。

张,如吴淑清的《基尔特社会主义:斯托灵顿文件》①(1988年)。

3. 21世纪以来

随着时代的发展,中国学界对柯尔及其影响的看法与西方的看法越来越接近,从一个侧面反映了中国学术界的进步。

2006年,倪学德在其专著中认为,柯尔是著名的工党史学家。②这表明柯尔在工党史方面的历史地位已经得到国内学界的关注。

2012年,厦门大学政治学教授陈炳辉在《参与式民主的理论》一书中,把柯尔与卢梭、约翰·斯图亚特·密尔、阿伦特、马尔库塞和哈贝马斯并列为参与式民主理论的代表人物,并分章节对他们的参与式民主进行了论述。③

2013年,王彦伟在博士论文中把柯尔等人的基尔特社会主义思想称作是"社会民主主义"方面对中国影响最大的四大流派之一。④

近几年也出现了若干篇专门论述柯尔思想主张的期刊论文。如2014年陈尧撰文认为柯尔的基尔特社会主义和职能民主论是参与式民主的一种。⑤而2015年,牛君阐述了柯尔的参与式民主思想。⑥

总的来说,中国对柯尔的研究存在着断续和跳跃,但大体可以分为三个时期:民国时期,由于西方基尔特社会主义运动的兴起,柯尔受到了一些知识分子的推崇,柯尔的思想主张一度被奉为救国救民的真理,研究热度很高。中华人民共和国成立到20世纪末,由于国内外政治和意识形态因素影响,对柯尔的研究成果很少,译介也多以批判为主,充满了意识形态色彩,缺乏客观冷静的分析。21世纪以来,对柯尔的研究,超越了民国时

---

① 吴淑清:《基尔特社会主义:斯托灵顿文件》,载《国际共运史》1988年第2期。
② 参见倪学德:《和平的社会革命:战后初期英国工党艾德礼政府的"民主社会主义"改革研究》,北京:中国社会科学出版社2005年版,第166页。
③ 陈炳辉:《参与式民主的理论》,厦门:厦门大学出版社2012年版,第14、第31、第47、第62、第84、第178页。
④ 王彦伟:《西方社会民主主义思潮在中国的影响研究》,中央党校2013年博士论文,第41页。
⑤ 陈尧:《从职能民主制到基尔特社会主义:试析G. D. H. 科尔的参与式民主理论》,载《晋阳学刊》,2014年第3期。
⑥ 牛君:《柯尔的参与式民主思想评述》,载《中共福建省委党校学报》,2015年第8期。

期的热忱和第二阶段的意识形态批判，逐渐趋向客观、冷静，研究成果也逐渐丰富起来。尽管如此，中国尚未出现有关柯尔的学位论文或专著。

（二）国外的研究

根据笔者所掌握的资料，最早谈及柯尔社会主义思想的是奥托·鲍威尔。1920年，他在《布尔什维主义还是社会民主主义?》一书中十分推崇英国基尔特社会主义。他认为，基尔特社会主义将英国民主制的各种原则从政治领域转到了经济领域。社会主义在英国就是工业民主制、产业自治；而俄国式的国家社会主义是工厂官僚的专制。另外，在该书中，鲍威尔认为，英国和俄国的无产阶级处于不同发展阶段，比如在英国，高度发展的无产阶级追求的是产业自治，专政无法建立起产业自治，只有民主制扩展到经济领域才能有产业自治，而俄国则完全相反。鲍威尔进一步论述说，财产的社会化用暴力一下子就可以强制实现，而生产的社会化只能是数十年有计划工作的结果；财产社会化不能引导人们走向更高的生活方式。① 在此基础上，鲍威尔提出了"社会力量因素论"：在西欧和中欧，无产阶级的阶级统治从长久来说只有采取民主形式才能实现。专政在这里将不过是一种夺取、保障或者巩固民主制的暂时手段。② 鲍威尔针对德国革命的路径选择问题，认为可以借鉴以产业自治和职能民主制为特征的英国基尔特社会主义，"必须把自己从迷信暴力万能和国家全能中解放出来"、"布尔什维主义是目前获得这一解放的障碍"。③ 鲍威尔认为，普鲁士社会主义和俄国共产主义之间存在着内在的亲属关系，两者都迷信暴力，都寄希望于权力无限的国家，都幻想少数人的无限权力可以并且应当强迫群众采取更高的生活方式（柯尔也有类似的表述，详见后文"超国家的社会主义"）。德国革命必须采取民主社会主义的方式，而民主社会主义体现在英国的产业自治和依靠群众的首创精神和自我教育进行社会改革的思想中。④

---

① 参见[奥]奥托·鲍威尔：《布尔什维主义还是社会民主主义?》，第117页。
② 参见鲍威尔：《布尔什维主义还是社会民主主义?》，第118—119页。
③ 鲍威尔：《布尔什维主义还是社会民主主义?》，第128页。
④ 参见鲍威尔：《布尔什维主义还是社会民主主义?》，第129页。

20世纪20年代，意大利自由社会主义者卡洛·罗塞利把柯尔的基尔特社会主义称为自由社会主义。① 在卡洛·罗塞利看来，自由社会主义并不是自由主义与社会主义的折中与调和，而是把社会权利当作实现自由的前提。只有当社会权利得到满足的时候，人们才能够享有充分的自由，从而实现个性的自由发展。当社会权利缺乏的时候，自由是没有保障的，这种情况下的自由只会演变成阶级冲突，最终在阶级对抗中胜利的一方对另一方实行阶级压迫，导致专制统治。② 这种以社会权利为核心的自由主张，被卡洛·罗塞利称作自由社会主义。其核心观点是要实现人的完全自主，需要把民主扩展到所有社会领域，发挥人们的参与作用，以打破国家的权力，让人民尽可能关心自己所在的共同体的事务。③ 实际上，自由社会主义是卡洛·罗塞利对柯尔基尔特社会主义的一种背书和推崇。

20世纪30年代，日本学者中岛重的《拉斯克多元国与柯尔的共同体——日本中岛重著多元的国家论最后一章》（拉斯克，即拉斯基）一文，重点介绍了拉斯基的多元国（多元主义国家观）与职能联邦共同体（柯尔以职能民主为基础的公社联合体）主张的同步发展。两种主张都经历了初期的国家与社会团体协同，到最后以社会团体联合体代替国家的阶段。④

20世纪50年代，法兰克福学派学者埃利希·弗洛姆（Erich Fromm）⑤在《健全的社会》（The Sane Society）中把柯尔的基尔特社会主义称作社群

---

① 参见罗塞利：《自由社会主义》，陈高华译，长春：吉林出版集团有限公司2008年版，第15—18、72、248页。
② 参见罗塞利：《自由社会主义》，第64—66页。
③ 参见罗塞利：《自由社会主义》，第72页。
④ 参见［日］中岛重：《拉斯克多元国与柯尔的共同体：日本中岛重著多元的国家论最后一章》，罗瑶译，载《法政学报》1935年第1期。
⑤ 埃利希·赛里格曼·弗洛姆（1900—1980），德国社会哲学家、心理学家、社会学家、人道主义哲学家、民主社会主义者，法兰克福学派成员。他是精神分析学派在社会文化方面对现代人的精神生活影响最大的人物。他毕生旨在改进弗洛伊德的精神分析学说以符合两次世界大战后西方人的精神处境，因此被称为"精神分析社会学"的奠基人之一。

社会主义［"社群主义"① 是一种主张社会群体合作、社群优先于个体的政治主张，其主要代表有迈克尔·桑德尔②（Michael J. Sandel）等人］。弗洛姆认为柯尔基尔特社会主义理论的所有目标，是形成一个"每个工人都能积极和负责任参与的工业组织"，"在这种工业组织中工作将会是有意义和有吸引力的，不是资本雇佣劳动而是劳动雇佣资本"的社会。③ 柯尔对社会权利即积极自由的强调、人的最大幸福的主张以及通过职能团体促进个体参与实现团体目标的设想，在一定程度上也契合了社群主义的主张。但是，柯尔与社群主义显著的不同点是，柯尔主张社会团体是实现个人意志的工具，社会团体存在的目的是满足个体的需求，即个体优先于社会；而社群主义则相反，它虽然尊重个体的选择，但是更注重集体意志，而且主张社群优先于个体。因此，不能笼统地把柯尔的基尔特社会主义归入社群社会主义的行列。

柯尔过世后，他的社会主义思想在英国得到了比较全面的评价。他生前参与编纂的一套丛书，在1960年以《劳工史论文集：纪念柯尔1889.9.25—1959.1.14》的标题出版。编者在篇首写了四篇对柯尔生平和思想进行回顾和总结的纪念性文章。这四篇纪念性文章分别是：《作为本

---

① 社群主义也被译作共同体主义，它是一种以自由为前提的新型集体主义观，它强调社群参与者之间的互动，这些成员为共同目标而聚在一起，形成一个社群（邻里、城市或国家），他们在同意那些支配着社群秩序规则的基础上，保持着社群内部和谐。社群成员对社群政策、法规的认同（这种认同源于合理的需求，而不是被自上而下强加给个体），接受实现共同目标的责任，为完成共同的目标而合作。社群主义反对新自由主义原子化的个人主义，主张把个体当作理解和分析社会政治现象和政治制度的基本出发点，认为个体最终由个体所在的社群决定。因此，社群才是政治分析的出发点。用公益政治分析代替权利政治分析是社群主义的根本主张。社群主义是在批评新自由主义的过程中发展起来的，相应地，社群主义强调国家、家庭和社区的价值，强调社群权利优先，这被世界主义者认为是一种保守与封闭的文化思潮。社群主义者始终将自由主义与个人主义视为一种邪恶和谬误，在"个体行为的善（正当）"和"社会的善（好、至善）"的价值选择中，社群主义选择了社会的维度，将整个人类的幸福融入了自己信仰的体系。在某些方面，社群主义和中国古代儒家推崇公德、抑制私利的主张有着相似的一面。社群主义是社群社会主义背后的哲学理念。

② 迈克尔·桑德尔，1953年出生于美国明尼苏达州明尼阿波利斯，哈佛大学政治哲学教授、美国文理科学院院士，社群主义的代表人物。他以1982年所著《自由主义与正义的局限》一书中对罗尔斯《正义论》的批评而闻名。

③ Erich Fromm, *The Sane Society*, Greenwich: Fawcett, 1955, p. 248.

科生的柯尔》①、《20年代在牛津》②、《什么是柯尔的真实意思》③ 和《柯尔与牛津，1938—1958》④，而这些文章正是对柯尔一生概括和总结。

此外，洋洋洒洒数百万字的五卷本《社会主义思想史》作为柯尔贡献最大的巨著，得到了世界范围内的高度评价。与柯尔本人生前关于"要一个人独立撰写一部包罗万象的社会主义史是不可能的事"⑤ 的谦逊声明相对照，《社会主义思想史》第五卷前言撰写者尤利乌斯·布劳恩塔尔⑥（Julius Braunthal）盛赞此书："然而这一无法完成的任务他（指柯尔——笔者注）竟然完成了"；"它不仅是一部社会主义思想的百科全书，也是一部国际社会主义运动的百科全书"。⑦ 布劳恩塔尔进一步认为，"G. D. H. 柯尔不但在英国社会主义运动中是一个伟大人物，而且在国际社会主义运动中同样是一个伟大人物"；"他的著述已被译成多种外文——日文、中文、希伯来文、意大利文、西班牙文、波兰文、塞尔维亚文，当然还有德文、瑞典文、挪威文和荷兰文，仅仅这一点就足以使他在世界社会主义者中成为知名的第一流学者"。⑧

20世纪80年代初，美国学者理查德·加德纳⑨（Richard N. Gardner）

---

① Ivor Brown, "G. D. H. Cole as An Undergraduate," in Asa Briggs, John Saville eds., *Essays in Labour History: In Memory of G. D. H. Cole 25 September 1889 – 14 January 1959*, London: Macmillan, 1960.

② Hugh Gaitskell, "At Oxford in the Twenties," in Asa Briggs, John Saville eds., *Essays in Labour History: In Memory of G. D. H. Cole 25 September 1889 – 14 January 1959*, London: Macmillan, 1960.

③ Stephen K. Bailey, "What Cole Really Meant," in Asa Briggs, John Saville eds., *Essays in Labour History: In Memory of G. D. H. Cole 25 September 1889 – 14 January 1959*, London: Macmillan, 1960.

④ G. D. N. Worswick, "Cole and Oxford 1938 – 1958," in Asa Briggs, John Saville eds., *Essays in Labour History: In Memory of G. D. H. Cole 25 September 1889 – 14 January 1959*, London: Macmillan, 1960.

⑤ ［英］G. D. H. 柯尔：《社会主义思想史》第一卷，第3页。

⑥ 尤利乌斯·布劳恩塔尔（1891—1972），曾被译作朱利叶斯·布朗撒尔，是出生在奥匈帝国的犹太人，著名的历史学家、编辑和政治活动家。他在1951—1956年曾担任社会党国际的总书记，著有三卷本《国际史》。

⑦ ［英］G. D. H. 柯尔：《社会主义思想史》第五卷，何光莱译，北京：商务印书馆1997年，第3页。

⑧ 柯尔：《社会主义思想史》第五卷，第6页。

⑨ 理查德·加德纳，1927年生，美国资深外交官，哥伦比亚大学终身教授，法学、经济学博士。该书是其博士论文，被认为是研究布雷顿森林体系形成过程中英美金融合作的范本。

在《英镑美元外交：当代国际经济秩序的起源与展望》(*Sterling Diplomacy in Current Perspective*, 1980) 一书中, 把柯尔称作与拉斯基、爱德华·卡尔①（E. H. Carr）并列的左翼最重要的知识分子之一, 并指出: 他们攻击自由主义的贸易政策, 认为该政策必然导致社会不公、萧条, 甚至是战争; 左翼知识分子群体从未成为一支强大的政治力量, 但是其主要代言人的思想会出现在工党的官方声明之中。②

20世纪80年代中期, 柯尔的职能民主理论被认为是极端的民主③, 柯尔也因此被认为是参与式民主及20世纪激进左派的代表之一。④

1996年, 保罗·Q. 赫斯特在《结社民主: 经济与社会治理的新形式》(*Associative Democracy: New Forms of Economics and Social Governance*) 一书中, 把柯尔的职能民主理论所体现的民主模式归纳为结社民主, 并将其称作多元主义的代表。⑤

20世纪90年代, 美国学者卡罗尔·佩特曼⑥（Carole Pateman）在《参与和民主理论》(*Participation and Democratic Theory*) 一书中, 探讨了南斯拉夫工人"自我管理"具有的参与式民主特征, 并把柯尔与卢梭、约翰·斯图亚特·密尔并列为参与式民主的代表人物。⑦

---

① 爱德华·霍列特·卡尔（1892—1982）, 简称 E. H. 卡尔, 英国外交官、苏俄史研究者、著名的国际关系学者。他出版于1939年的《二十年危机》奠定了他的学术地位。
② 参见 [美] 理查德·加德纳:《英镑美元外交: 当代国际经济秩序的起源与展望》, 符荆捷、王琛译, 南京: 江苏人民出版社 2014 年版, 第 66 页。
③ See Kristine Beuret and Gerry Stoker, "The Labour Party and Neighbourhood Decentralisation: Flirtation or Commitment?" *Critical Social Policy*, 1986, Vol. 6, No. 17, p. 4.
④ See A. W. Wright, *G. D. H. Cole and Socialist Democracy*, Oxford: Clarendon Press, 1979, pp. 261 – 262, p. 278.
⑤ Paul Q. Hirst, *Associative Democracy: New Forms of Economics and Social Governance*, Cambridge: Polity Press, 1996.
⑥ 卡罗尔·佩特曼, 政治学家, 1940 年 11 月 1 日生于英国, 牛津大学政治学博士, 国际政治学会第一任女性主席（1991—1994）, 从1990年至今在加州大学洛杉矶分校政治学系任教。她的主要研究方向是参与式民主理论、契约理论和女权主义理论。
⑦ [美] 卡罗尔·佩特曼:《参与和民主理论》, 陈尧译, 上海: 上海世纪出版集团 2012 年版, 第 22、第 80 页。

印度学者迪佩什·查卡拉巴提①（Dipesh Chakrabarty）2010年以"作为可能性的滞后：再谈庶民历史"为题在上海大学进行了演讲。在演讲中，他认为柯尔的作品《平民史》（又译作《普通人》，The Common People②）是英、美社会主义历史撰写的代表作品之一，并且，他把英国和美国社会主义历史编纂的状况统称作盎格鲁-马克思主义者的历史编纂（Anglo-Marxist-historiography）。查卡拉巴提认为，柯尔在决定写这本书的时候，发现平民并不像女王、皇帝或政客，他们通常不会留下什么历史记录，所以为了让历史变得更加民主，他所做的第一件事就是把历史量化，比如他收集了工资和物价方面的历史数据。柯尔的这种写法，引发了研究者如何撰写平民历史的思考。而且，这种撰写方式被汤普森和霍布斯鲍姆延续下来。但是，这些社会主义历史撰写虽然也反对帝国主义，却忽视了一个根本问题：为什么英国对内是自由主义，推崇自治是最好的统治；对外却是帝国主义，奴役他人。而这些社会主义历史撰写者有意无意在套用一种"时机未到"结构（not-yet structure），即他们希望殖民地能够自治和民主地参与政治，但是时机未到。③ 这在一定程度上从更广泛的视角表述了柯尔所体现的文化相对主义④（cultural relativism）。尽管该印度学者对柯尔等人的历史撰写抱着批评态度，但在客观上反映了柯尔在平民史写作方面的历史学家地位。

对柯尔社会主义思想等相关思想进行研究的学位论文有：《G. D. H. 柯尔，基尔特社会主义，与工人对工业的控制》（*G. D. H. Cole, Guild*

---

① 迪佩什·查卡拉巴提，1948年生，印度西孟加拉邦加尔各答人，孟加拉族史研究者、后殖民主义理论家。
② G. D. H. Cole, *The Common People*, London：Methuen, 1938.
③ 参见张颂仁、陈光兴、高士明主编：《从西天到中土：印中社会思想对话》，上海：上海世纪出版集团、上海人民出版社2014年版，第303—304页。
④ 文化相对主义是一个文化哲学术语。核心是承认和尊重各种文化差异，并在平等的基础上进行交流。例如柯尔承认苏联是社会主义，但认为苏联模式只适合东方国家。柯尔明确把基尔特社会主义的适用范围限制在西欧。对当时的殖民地，柯尔等人认为它们尚未发展到自主的程度，一时难以独立。See A. W. Wright, *G. D. H. Cole and Socialist Democracy*, Oxford：Clarendan Press & New York：Oxford University Press, 1979, pp. 250–254.

Socialism, and Workers' Control of Industry),① 《G. D. H. 柯尔的政治与社会思想》(The Political and Social Thought of G. D. H. Cole)②、《柯尔：一个知识分子的传记》(G. D. H. Cole: An Intellectual Biography)③，并于1973年出版成专门同名传记，《乔治·道格拉斯·霍华德·柯尔的社会思想》(The Social Thought of George Douglas Howard Cole)。④ 其中，美国学者、柯尔传记作者卡朋特（L. P. Carpenter）1973年把柯尔的基尔特社会主义称作自由意志论的社会主义，⑤ 约瑟夫·伊拉·席勒（Joseph Ira Hyler）在博士论文中强调了柯尔基尔特社会主义思想中的"自由意志"⑥（free will）。

代表性的期刊文章有：《乔治·柯尔：社会主义思想史——卷五》⑦（1960年）、日本学者山田长夫的《基尔特社会主义》⑧（1986年）、尼尔·里德尔（Neil Riddell）《"G. D. H. 柯尔时代"？柯尔与1929—1933年英国工人运动》⑨（1995年）、克里斯·怀亚特（Chris Wyatt）《未来餐馆的一个秘方：G. D. H. 柯尔和主权难题》⑩（2006）、日本教授松村高夫的《G. D. H. 科尔和纳菲尔德社会重建调查（1941—1944年）》⑪（2009年）、牛津大学教学研究员查尔斯·马斯克列（Charles Masquelier）的《马克思、

---

① Daniel Caleb Kramer, *G. D. H. Cole, Guild Socialism, and Workers' Control of Industry*, Ph. D. dissertation of political science in University of Pennsylvania, 1964.
② George Salem Haggar, *The Political and Social Thought of G. D. H. Cole*, Ph. D. dissertation of political science in Columbia University, 1964.
③ Luther Pirie Carpenter, *G. D. H. Cole: An Intellectual Biography*, Ph. D. dissertation of history in Harvard University history, 1967.
④ Joseph Ira Hyler, *The Social Thought of George Douglas Howard Cole*, 1975.
⑤ See Luther P. Carpenter, *G. D. H. Cole: An Intellectual Biography*, Cambridge: Cambridge University Press, 1973, p. 88.
⑥ Joseph Ira Hyler, *G. D. H. Cole: An Intellectual Biography*, p. 185.
⑦ 《乔治·柯尔：社会主义思想史——卷五》（英国《泰晤士报〈文学增刊〉》1960年8月5日），汇文译，载《现代外国哲学社会科学文摘》1960年第11期，第33页。
⑧ [日] 山田长夫：《基尔特社会主义》，何凤圆译，载《现代外国哲学社会科学文摘》1986年第4期。
⑨ Neil Riddell, "'The Age of Cole'? G. D. H. Cole and the British Labour Movement 1929 – 1933", *The Historical Journal*, 1995, Vol. 38, No. 4.
⑩ Chris Wyatt, "A Recipe for A Cookshop of the Future: G. D. H. Cole and the Conundrum of Sovereignty," *Capital & Class*, Autumn, 2006.
⑪ [日] 松村高夫：《G. D. H. 科尔和纳菲尔德社会重建调查（1941—1944年）》，贺喜译，《"世界近现代史研究（第六辑）"学术会议录》，2009年12月1日。

柯尔与法兰克福学派：实现社会批判理论的政治潜能》①（2012年）、利奥尼·霍尔特豪斯（Leonie Holthaus）的《G. D. H. 柯尔的国际思想：在20世纪为社会主义正名的诸多困境》②（2014年）。其中，查尔斯·马斯克列认为柯尔的结社民主模式与法兰克福学派的社会批判理论存在某些内在一致性。③

相对于国内研究的"断续"（隔很长时间出现一些成果）和"跳跃"（立场变化较大，总体趋向于客观），国外对柯尔的研究比较连续，成果更加丰富，而且立场比较客观，但是国外的研究也存在一些局限：

一是从研究内容看，柯尔的著述及其思想涉及经济学、政治学、社会学、哲学和国际关系等多个领域，而学术界比较注重研究的是其政治思想，尤其是他主张的参与式民主。此外，柯尔的社会学理论受到一定的关注，而对柯尔社会主义思想的研究主要集中于他早年的基尔特社会主义思想，对其中后期的社会主义思想研究得不多，而且缺乏对柯尔一生社会主义思想贯彻始终、高屋建瓴的整体把握。

二是在比较之中考察柯尔的社会主义思想与马克思主义、费边主义、工团主义、工联主义、社会民主主义的区别与联系，以及柯尔与韦伯夫妇、托尼、拉斯基、凯恩斯、克利普斯、艾德礼、贝文、比万、盖茨克尔、哈罗德·威尔逊、克罗斯兰等人的来往与思想的异同等方面，有关的研究仍值得进一步深化。

### 三、研究方法、创新之处和不足

本书试图立足于可靠的历史事实之上，从对柯尔一生所处时代社会变

---

① See Charles Masquelier, "Marx, Cole and the Frankfurt School: Realizing the Political Potential of Critical Social Theory," *Capital & Class*, 2012, Vol. 36, No. 3；[英] 查尔斯·马斯克列：《马克思、柯尔与法兰克福学派：实现社会批判理论的政治潜能》，郭海龙译，载《国外理论动态》2016年第9期。

② Leonie Holthaus, "G. D. H. Cole's International Thought: the Dilemmas of Justifying Socialism in the Twentieth Century," *The International History Review*, 2014, Vol. 36, No. 5.

③ See Charles Masquelier, "Marx, Cole and the Frankfurt School: Realizing the Political Potential of Critical Social Theory"；[英] 查尔斯·马斯克列：《马克思、柯尔与法兰克福学派：实现社会批判理论的政治潜能》，郭海龙译，载《国外理论动态》2016年第9期。

迁和政治发展的描述出发，对柯尔的社会主义思想进行较为全面和系统的研究，并做出评价。

为了贯彻以上设想，本书采取以下具体的研究方法：

第一，文献研究法。广泛搜集有关柯尔的著作、书评、会议记录和研究成果等材料，并结合柯尔的思想和生平，对其思想进行分析和评价。

第二，宏观研究与微观研究相结合的方法。既要着眼于柯尔的个人经历、思想发展，又要从宏观的历史进程去仔细领会英国社会变迁和世界社会主义的兴衰成败，理解柯尔社会主义思想产生的"大历史"背景，以便准确把握柯尔社会主义思想的脉络，并展现思想观念与那一时代的互动关系。

第三，比较研究法。正所谓，"时代是思想之母"。思想是时代的反映，体现了时代的特点和精神风貌。本书试图将柯尔放在与他的同时代人及其思想的比较中，分析其中的联系，揭示其异同，从而深化对研究对象的认识。

希望本书能够有助于读者开阔视野，加深对社会主义的理解；对柯尔所在的自治社会主义这一人们相对陌生的派别及其代表人物有更为深入细致的了解。据此，本书力图在以下若干方面有所创新：

第一，着力于考察和分析柯尔关于民主与社会主义的关系的观点。本书将以民主（自治）、自由为线索，对柯尔各个阶段的社会主义思想进行阐述和分析，从而对柯尔关于民主与社会主义关系的观点进行论述。

第二，对柯尔所主张的基尔特社会主义、基础社会主义以及其他思想做较为细致和深入的分析，以便对这个过去我们了解较少且往往抱有偏见的社会主义流派的主要观点和特点有较为切实的认识和评价。

第三，通过对柯尔一生主线突出而又渐变的社会主义思想脉络进行追溯，展现那几十年资本主义发达地区社会主义演变的线索，并对知识分子在这种变迁中所起到的作用进行分析。

本书尚存在一些不足之处：首先，资料分析还不够充分；其次，对柯尔社会主义思想的分析不够透彻；最后，尽管本书尽量本着客观与辩证的态度去对柯尔的社会主义思想进行分析，但寓于学识有限，有些认识仍难免粗疏和肤浅。

# 第一章　柯尔社会主义思想产生的背景

柯尔的社会主义思想产生于英国当时的社会背景和柯尔所处的社会氛围之中。社会背景体现在：一是英国源远流长的自由主义传统；二是英国社会主义在兴起中形成的一定特征（如工会的特殊地位、思想来源多样性等）；三是英国19世纪后期经历的各种改革。具体氛围体现在：一是柯尔开明的家庭环境和教育的影响（如多元主义、威廉·摩里斯的自由主义）；二是韦伯夫妇社会主义理论和实践对其产生的影响。上述背景和氛围为柯尔提供了从自由主义一侧进入社会主义的可能性，最终柯尔产生了以个体自由为出发点的社会主义思想。柯尔的社会主义思想具体表现为基尔特社会主义、基础社会主义和超国家社会主义，这三部分是并列关系，它们将在第二、第三和第四章中分别进行阐述。

## 第一节　柯尔社会主义思想产生的社会背景

英国的文化传统（源远流长的自由主义传统及其他社会思潮）、英国社会主义的兴起和19世纪后期英国的变革，构成了柯尔社会主义思想形成和演变的社会背景。

## 一、英国的文化传统

柯尔受英国文化传统中源远流长的自由主义传统影响最深,这使得他从自由主义一侧进入了社会主义,并形成了以个体自由为出发点的社会主义思想,这是英国传统文化对柯尔产生影响的主要方面。当然,除了自由主义之外,英国传统文化的其他方面对柯尔的社会主义思想也产生了一定的影响。

(一) 英国源远流长的自由主义传统

英国社会的独特性在于其源远流长的自由传统。独特的地理位置和历史,使得英国成为自由主义影响最为广泛的国度。在这个传统下,英国官僚制度的完善程度远远不及法国等欧洲大陆国家。

在英国革命之前相当长的一段时间内,由封建契约关系演化而来的自由契约关系便已经在英国出现,这促进了自由主义民主制度在英国的形成。中世纪的英国专制统治力量有限,各种大小领主相互制约形成了契约关系,贵族除了是国王附庸之外,还有一定的自由权,这成为现代自由主义在实践方面的源头。在这种氛围下,贵族与国王之间长期保持某种权力平衡。一旦一方试图打破这种平衡,便会遇到另一方的抵抗。国王和贵族之间既斗争又合作的关系,最终导致了 1215 年《大宪章》(*Magna Carta & Grand/Great Charter*) 的诞生。① 它标志着限制英国中央集权的因素最终以明文规定的方式形成,大宪章奠定了国王"权力有限"② 等宪政基础,为后世的政治实践所继承,成为自由主义政治的一个重要来源。在约翰王之后,后世对《大宪章》多次确认和完善:1236 年的《默顿法规》、1258 年

---

① 威廉一世征服英国建立诺曼底王朝后,诺曼底王朝、金雀花王朝(安茹王朝)的历任国王一直使用英国本土人力、财力保卫其在法国的领地。这是因为这两个王朝来自法国,重心在欧洲大陆,1199—1216 年在位的约翰王也是如此(直到 1337—1453 年的百年战争之后,英国各王朝来自不列颠本土,才以英伦三岛为本位),但他在法国遭遇挫折,需要贵族负担更多的赋税和军事义务,引起贵族们不满。约翰王为了获得罗马天主教廷支持,答应向教廷称臣纳贡,引起了民众不满。1214 年,约翰王在诺曼底遇到失败,民众哗然。1215 年,一些大贵族以约翰王未能保护贵族利益为由,联合社会力量发动叛乱,并占领伦敦。最终,双方在泰晤士河畔兰尼米德草地举行了谈判,贵族们向约翰王递交了一份文件,由约翰王和 23 名贵族签署生效,即著名的《大宪章》。

② 大宪章限制了国王的征税权、财产征收权和官员任命权。参见 [日] 目下太郎:《九国宪法选介》,康叔华译,北京:群众出版社 1981 年版,第 349、第 354 页。

的《牛津条例》、1259 年的《威斯敏斯特法令》是英国贵族限制王权的重要宪法性文件。这种继承和完善是英国政治良性发展的一个标志。都铎王朝延续了这种分权的体制，逐渐演化出了等级议会和三权分立①，这样，英国形成了君主有限专制的制度，蕴含了"现代自由立宪政体所有精华的基础和来源"②。"封建主义孕育了个人自由主义。"③ 后来，英国革命确立了王在法下的君主立宪制，王权受到了议会的制约和监督。④

英国经过工业革命，资产阶级日益壮大。在资产阶级奋力争取下，英国通过 1832 年改革方案，贵族寡头制变成了有产者的民主制。此后，通过在议会改革中不断扩大选民的范围，英国在政体上实现了渐进的和平变革。1832—1867 年被称作英国议会的"黄金时代"：议会下院拥有至高无上的权力，而群众性的、组织纪律严密的政党尚未出现。⑤

19 世纪，由于自由主义形成主流以及保守党出现过分裂⑥（1846 年）等因素，奉行自由主义的辉格党（Whig）（1859 年重组为自由党，1916 年分裂为两派，地位被工党取代）长期主导政坛，而日不落帝国雄踞世界霸权顶端，使得自由主义向全世界传播。因而，19 世纪被称作自由主义的世

---

① 参见［美］塞缪尔·亨廷顿：《变化社会中的政治秩序》，王冠华译，北京：生活·读书·新知三联书店出版社 1989 年，第 111—121 页。

② ［英］安东尼·阿巴拉斯特：《西方自由主义的兴衰》，曹海军等译，长春：吉林人民出版社 2004 年版，第 123 页。

③ Sidney Painter, *Feudalism and Liberty*, Baltimore: John Hopkins University Press, 1961, p. 14.

④ 国王和议会下院的关系在 1689—1932 年处于变动之中：1689—1714 年，双方磨合，尚未确定明确关系；1715—1783 年，两者关系处于均衡状态；1784—1832 年，均衡遭到了破坏。这之中，安妮女王去世，无子嗣，1715 年，由安妮女王的远亲乔治一世继位。乔治一世来自德国汉诺威，不懂英文。首相华尔波尔用蹩脚的拉丁文与他交流，控制了朝政，这种首相主导政局的局面直到乔治三世上台操纵选举使小皮特 1784 年上台才结束，国王意图控制内阁，此后一直到 1832 年英国议会改革才基本结束了国王的专断。在 1832 年之后议会多次改革的维多利亚时代，英国正式确立了成熟的现代议会内阁制。

⑤ 参见［英］丹尼斯·卡瓦纳：《英国政治：延续与变革》，刘凤霞、张正国译，北京：世界知识出版社 2014 年版，第 9 页。

⑥ 1846 年 5 月 15 日，废除谷物法的议案在下院三读通过。但保守党政治家、未来首相斯坦利反对该议案并退出了内阁，此举引起了保守党党内分歧。时任首相的保守党人皮尔则支持该议案，但是却因一项关于爱尔兰的议案遭到否决而选择了辞职。随后，辉格党人罗素组建了新内阁，并获得了皮尔的支持。保守党出现了分裂而元气大伤。1859 年，保守党内皮尔派、激进派与辉格党组建了自由党，使得自由党的优势更加明显。此后，保守党一直到 1868 年上台才恢复元气。

纪。① 英国独特的自由主义传统，促进了自由竞争。英国得以在内率先开展工业革命，进而在外战胜西班牙、荷兰、法国等强国，显示了制度优势，迅速成为"世界工厂"和称雄世界的"日不落帝国"，出现了"英国治下的和平（Pax Britannica）"。"维多利亚时代"② 正是英国拥有世界霸权的光辉写照。与此同时，经亚当·斯密、大卫·李嘉图等人的倡导，自由主义成为英国重要的思想。久而久之，英国成为自由资本主义的源头，形成并长期保持着自由主义的社会特征。时至今日，英国仍然被称作"自由主义的天堂"。自由主义构成了英国社会最独特的一面。

自由主义既成就了英国的辉煌，也给英国社会带来了大量社会问题。自由放任的弊端主要表现之一就是对贫富分化的漠视。而 1834 年的新《济贫法》（The Poor Law）③ 意在促使穷人"自立"。这种对两极分化放任自流的做法使得数代的工人阶级沦为工业革命的受害者和牺牲品。

综上所述，英国的自由主义源远流长，融入了英国文化。而这种自由主义思想和文化影响了英国数代人，比如柯尔的思想导师威廉·摩里斯（William Morris）就是在艺术领域追求自由创作进而在社会主义思想方面

---

① 参见张世鹏：《达伦多夫论民主社会主义世纪》，载《国外理论动态》1999 年第 6 期。
② 维多利亚女王（Alexandrina Victoria, 1819—1901），第一个以"大不列颠及爱尔兰联合王国女王兼印度女皇"名号称呼的英国君主。她于 1837 年继承王位（18 岁），是英国历史上在位时间最长的君主。她在位的 63 年（1837—1901），是英国最强盛的"日不落帝国"时期，即"维多利亚时代（Victorian era）"。它前承乔治时代（从乔治一世到乔治四世），后启爱德华时代，被认为是英国工业革命的峰端。这个时期大英帝国走向了世界之巅，其领土和殖民地总和达到了 3600 万平方公里。大英帝国的经济占全球的 70%，贸易出口更是比全世界其他国家的总和还多上几倍。有学者认为，应将 1832 年改革法案的通过视为该时期的开端，到一战开始的 1914 年，英国都应称为维多利亚时代。这种说法客观上反映了维多利亚时代影响如此之深远，以至于爱德华时代全部被涵盖了进去。
③ 英国早在 1388 年理查德二世时期就颁布过济贫法案，由政府组织的福利和服务开始出现，这也是英国第一个济贫法；在 1601 年颁布过《伊丽莎白济贫法》（旧济贫法），1834 年颁布过新的济贫法（新济贫法）。后两部济贫法构建的济贫制度，既限制了济贫的范围（严格审查、让接受济贫者强制到济贫院去居住和参加劳动），也加重了全社会的负担（向全民征税），还规定公益济贫不得高于济贫院的标准。这些以惩治为目的的济贫法外加上济贫院生活条件恶劣，接受济贫等于接受羞辱。济贫院被称作"穷人的巴士底狱"。因此，济贫法饱受诟病。参见刘战：《艾德礼工党政府的福利政策》，见《英国现代转型与工党重铸》，北京：生活·读书·新知三联书店 2013 年版，第 153 页。韦伯夫妇在 20 世纪初领导废除济贫法运动（该运动影响了柯尔），并最终促成了传统的济贫制度为现代社会保障制度所取代。

追求自由的一个著名工艺美术家。柯尔则通过学习和领悟威廉·摩里斯的作品，在时代氛围的熏陶下，从自由主义一侧出发进入了社会主义。

不过，柯尔对自由主义的吸收，也并不是囫囵吞枣、不加辨别地盲目接受，而是有所取舍。一方面，和威廉·摩里斯一样，柯尔并不认可自由主义政治体制中的代议制，尤其是在早期，他以职能民主理论完全排斥代议制。即便是中后期，柯尔一再强调小范围的自治（社区、基尔特、车间），而代议形式只是对自治的补充。另一方面，柯尔并不赞成自由主义的渐进改良，而是主张社会变革应该以激进的方式进行，这尤其体现在他早年的基尔特社会主义思想中。到了中后期，他虽然也认为社会主义变革"会像工业革命而不像法国大革命"来反思暴力对社会制度更替的必要性，但他并未放弃社会激进变革的主张。因此，柯尔也被认为是那个时代（20世纪20—50年代）介于社会民主主义者这种温和左翼与共产主义者这种极端左翼之间的激进左翼群体的著名代表人物之一（比如，他20世纪20年代在基尔特社会主义终结之后被任命为牛津大学高级讲师时，因激进左翼人士的身份而一度引起了舆论关注）。

此外，值得注意的是自由主义与社会主义的对立之处对柯尔的影响。自由主义认为私有财产神圣不可侵犯，而社会主义则需要对私有财产进行社会化改造。关于这一点，柯尔的主张则是限制而不是剥夺那些不劳而获者，以免造成社会秩序的动荡，即以税收、财政、金融等经济手段促进生产资料的社会化改造，而不是依靠强制命令方式乃至"赤卫队进攻资本"的暴力方式来实现生产资料的社会化改造（详见"基础社会主义"一章）。

（二）英国的其他文化传统

在英国，除了自由主义之外，还存在保守主义、功利主义、实用主义等影响较大的思想流派。柯尔在其形成社会主义思想的过程中，对这些也进行了取舍。

对于保守主义，柯尔并没有多大的认同。作为激进左翼人士，柯尔不赞同保守主义的"渐进—改良"方式，主张社会激进变革。柯尔虽然也认同领袖人物的作用，但反对保守主义对权威和中央集权的推崇，柯尔更推崇以个体自由为出发点自发组成小范围内部的自治，并提倡以地方主义代替中央集权。

对于功利主义,柯尔也没有认同。柯尔的社会主义思想伦理社会主义色彩比较浓厚,而伦理社会主义强调的是对人性真、善、美的推崇,这与功利主义的理念是不相容的。

对于实用主义,柯尔倒是有所采纳。柯尔虽然不是社会民主主义者,但他接受了费边社的策略,费边社的实用主义是柯尔社会主义理念的两套标准之一。因此,柯尔也被称作"怀着布尔什维主义的心,陷入了费边的牢笼"[1],即"通情达理的极端主义者"[2](sensible extremist)或理性的激进主义者。

## 二、英国社会主义的兴起及其特征

从空想社会主义起点的《乌托邦》到英国内战中"平等派"与"掘地派"的出现,英国孕育着社会主义的萌芽。而后,英国社会主义思想经历了长期蛰伏。直到工业革命期间,从"卢德运动"[3]、宪章运动到欧文的社会主义蓬勃发展,标志着英国社会主义的兴起。这也反映了当时所处的时代:在工业革命带来社会变革和政治改革的背后,英国充满了阶级矛盾,自1825年首次经济危机出现后,这种矛盾更加尖锐。

宪章运动结束后,英国工人运动陷入低潮,工联主义(trade unionism,又译为劳动组合论)盛行。19世纪后半叶到一战前,随着英国成为第一个现代化国家,劳动力等生产成本提高。而成为"殖民帝国主义"的英国拥有世界上最广袤的殖民地,英国资产阶级为了获得更高利润而热衷于开发殖民地并投资海外。英国国内科技革新放缓且投资不足,导致经济放缓、物价上涨,工人阶级购买力下降,失业率上升,工人运动高涨,如英国罢

---

[1] See Maurice Reckitt, *As It Happened*, London: J. M. Dent & Sons, 1941, p. 123;[英]玛格丽特·柯尔:《费边社史》,杜安夏译,北京:商务印书馆1984年版,第263页。

[2] See A. W. Wright, *G. D. H. Cole and Socialist Democracy*, p. 1.

[3] 卢德运动主要发生在1811—1817年,1811—1812年是卢德运动的高峰,主要集中在诺丁汉郡、约克郡和兰开夏郡,反法战争期间英国政府对卢德运动的惩处十分严厉。关于卢德运动,传统上认为是受剥削的工人不理解工厂剥削的本质,迁怒于机器。但这一理解受到了质疑,有学者认为它是一些在机器大生产竞争下濒临破产的手工业者,在工人的同情下,对工厂机器进行破坏、袭击工厂主的暴力活动。参见钱乘旦:《工业革命与英国工人阶级》,南京:南京出版社1992年版,第15页。

工次数1902—1909年年均465次，次均3.6天；1909—1913年年均947次，次均18天。① 由于工会对工人运动采取放任态度，许多工会不再维护劳工权利，而是"沦为中产阶级及上层阶级减少工资之机关"②。

在局限于工联主义的工会难以解决工人阶级困难的情况下，社会主义思想得到了更广泛的传播，工人运动政治派别纷纷建立。1881年，"民主同盟"成立；1884年初，费边社成立；③ 同年8月，民主同盟改组成社会民主联盟。④ 在1889年第二国际成立后，英国独立工党也在1893年成立。⑤ 这样，英国政坛上出现了工会和社会主义团体两支重要力量，并在1899年塔夫河谷事件⑥（Taff Vale Case）的催化下走在了一起，在1900年

---

① James Young, *Socialism and the English Working Class: A History of English Labour*, 1883-1939, London: Harvester Wheatsheaf, 1989, p. 113.

② [英] 韦伯夫妇：《英国工会运动史》，陈健民译，北京：商务印书馆1959年版，第274页。

③ 1883年12月24日成立的"新生活联谊会"于1884年1月4日改名费边社。韦伯（Sydney Webb）和萧伯纳（George Bernard Shaw）随后加入。1889年他们出版《费边社会主义论丛》阐述了费边主义，并主张使社会主义思想渗透到自由党和保守党。参见[英] 玛格丽特·柯尔：《费边社史》，杜安夏译，北京：商务印书馆1984年版，第1页。费边社成立后，因其成员大多比较年轻、活动能量大，而且建立了比较完善的组织机构，经常组织宣传活动，因而成为重要的社会主义团体。

④ 社会民主联盟由各种类型的社会主义者，主要是知识分子中的社会主义者组成。它于1884年10月通过了同盟纲领，主要内容是使劳工得到彻底解放，创立一个人人享有平等社会权利的自由社会，一切官吏由普选产生，人民立法等。社会民主联盟后来由于海德门的专断领导而边缘化。而其中的左翼于1884年12月30日在伦敦组成了社会主义同盟。主要代表人物有马克思的女儿和女婿爱琳娜·马克思-艾威林、爱德华·艾威林以及厄内斯特·贝尔福特·巴克斯、威廉·摩里斯、约翰·伯恩斯、汤姆·曼等。同盟发表了谴责海德门集团的宗派主义和关门主义的宣言。成立初期，该同盟成员积极投身工人的罢工斗争，宣传马克思主义，推动了工人运动的发展，并得到了恩格斯的指导。但该同盟存在对马克思主义的曲解，并且不久以后，一些无政府主义者混入，并逐步占据同盟的领导地位，推行机会主义路线，日益脱离工人群众。1907年，社会民主联盟改组为社会民主党，并于1911年与格里森率领下脱离独立工党的左派联合成立了英国社会党。

⑤ 独立工党成立之时，由于主导着工人运动的工会厌恶社会主义、依附于自由党，独立工党只能从苏格兰地区层面入手传播社会主义，建立独立的劳工政党。同时，新工会运动的开展导致许多地方政治团体的建立，这些团体为成立全国性政党奠定了组织基础。

⑥ 1900年8月，塔夫河谷公司的铁路工人罢工，要求增加工资并要求公司承认工会。罢工唯一的"成就"就是公司保证全部重新雇用他们。但罢工者白白损失了一大笔基金，而且法官判决铁路工人联合会赔偿由此造成的一切损失，共计2.3万英镑。由于工会的强烈反对，此案被提交上院裁决。1901年，上院才做出有利于工会的判决。但根据判决，任何对罢工进行纠察的活动被宣布为非法，实际上取消了工人的罢工权。这使得工会界认识到：之前在政治上单纯依赖自由党而没有自己政党的做法难以收到良好效果。于是，工会开始组建自己的政治力量，不再依附于自由党。这促使英国工会和独立工党接近。在此背景下，劳工代表委员会（工党）应运而生。

成立了"劳工代表委员会"。

在上述历史背景下，英国社会主义具有一定的独特性。

第一，工会在整个英国社会主义运动中地位特殊。在英国重视自治、自发性的传统政治文化①的影响下，英国社会主义运动中工会作用相当独特，工联主义比马克思主义的影响更大。工会产生后，英国社会主义史、工党史几乎都与工会有关。这也是英国社会民主联盟、社会党、社会民主党影响不大，工会支持的工党比较强大的历史背景。劳工界曾在1874年大选中教训过自由党，两者之后形成了"自由—劳工联盟"（Lib-labs），"差不多有四分之一世纪，英国工人阶级好像是甘愿充当'伟大的自由党'的尾巴"②。当时，许多工人领袖成为"自由党劳工派"③。但自由党基层组织拥有提名权，使得工人代表难以选入议会。劳工界需要发出"更为直接、高效和有影响的声音"④。1892年，凯尔·哈迪（Keir Hardie）⑤等人组建了英国第一个社会主义政党"独立工党"（Independent Labour Party, ILP），

---

① 英国在盎格鲁-撒克逊时期开始的自治传统延续了下来，逐渐演化形成了独具一格的地方自治体系，并制约着官僚体系。英国的这种自治传统和托克维尔在《论美国的民主》中的论述异曲同工：1620年"五月花号"102位清教徒到美洲新英格兰地区延续了英国的自治传统，这成为美国民主的社会基础和历史传统。

② 《马克思恩格斯全集》第25卷，北京：人民出版社2001年版，第520页。

③ 阎照祥：《英国政党政治史》，北京：中国社会科学出版社1993年版，第307页。

④ Brian Brivati, ed., *The Labour Party: A Centenary History*, London: Macmillan Press Ltd., 2000, p. 16.

⑤ 詹姆斯·凯尔·哈迪（1856—1915），英国工人出身的工运领袖，英国第一位工人议员（1892），下院第一位工党领袖（1906）。他是忠诚的社会主义者，一手创立了英国独立工党（后来并入工党成为工党左翼实力派领袖）。他七八岁开始在船上当听差，没接受正规教育，10岁当采煤工。19世纪70年代末，他由于从事罢工活动而被拉纳克的矿主解雇，并被列入黑名单。后来，他迁往艾尔郡，当选为一个矿工组织的书记。1881年起参加创立该郡的矿工工会，并兼当新闻记者谋生。他在自己创办的报纸《矿工》（1887—1889）和《劳工领袖》（1889年起）上就劳工和其他政治问题发表基督教社会主义观点。1888年建立社会主义工党。1892年他成为议员，次年在约克郡布雷福德参加独立工党创建工作，该党曾被恩格斯寄予厚望。1895年失去下院席位后他参加筹建工党，1900年他开始组织工党的前身劳工代表委员会。同年，又当选为议员。从第二次布尔战争时期起他成为直言不讳的和平主义者，1903年起成为潘克赫斯特夫人领导的女权主义运动的主要顾问。1906年劳工代表委员会另外28名委员也进入下院。这时该委员会已经发展成为一个政党组织，并更名为工党，哈迪当选为主席。但他的性格不适合做日常行政工作，遂于1907年辞职，当一战迫在眉睫的时候，他主要关心劳工在维护和平方面应起的作用，极力要求第二国际宣布："一旦战争爆发，所有各国工人都应该进行总罢工。"由于英国工党内多数都决定支持英国参战，因此，他没有成功，并于战争爆发后不久去世。

该党曾被恩格斯寄予厚望。① 但该党影响有限，塔夫河谷事件爆发使得劳工代表委员会（工党）应运而生。

工会对工党的影响主要有以下两个方面：一方面，工会与工党在组织上长期结盟。② 工党在建党之初离不开工会：在为了便于参加大选而更名时，工会坚持把劳工代表委员会更名为"工党"，③ 工会领导人甚至认为工会应该是工党的"父亲"。④ 这样，"工人阶级不再仅仅以压力集团的形式出现，而是以政党的形式登上上层政治舞台，成为政治权力的合法争取者之一"⑤。在工会的主导下，工会和工党相互磨合，关系长期稳定：二者至今在历史、组织和财政方面关系紧密。另一方面，工会在工党意识形态塑造上发挥着重大作用。工党最初并未明确社会主义属性。⑥ 一战前，工党的主导思想既不是社会民主主义，也不是趋于式微的工联主义，而是劳工主义（labourism）。该词由哈迪在1903年该党年会上提出，⑦ 核心是为了争取工会的地位和利益而采取不局限于经济手段的多种政策。"由于工会在劳工代表委员会形成过程中，起着决定性的作用，使得由工会界的工联主义演变而来的劳工主义成为工党最早的主导思想。"⑧ 工党接受社会主义

---

① 参见［德］马克斯·比尔：《英国社会主义史》下卷，何新舜译，北京：商务印书馆1959年版，第263页。
② Brian Brivati, ed., *The Labour Party: A Centenary History*, London: Macmillan Press Ltd., 2000, p.14.
③ See Bill Simpson, *Labour: The Unions and the Party*, London: George Allen & Unwin, 1973, p.61.
④ See Bill Simpson, *Labour: The Unions and the Party*, London: George Allen & Unwin, 1973, p.36.
⑤ 沈汉等：《英国议会政治史》，南京：南京大学出版社1991年版，第374页。
⑥ 工党是否具有社会主义属性曾经引起第二国际争论。1907年、1908年第二国际的国际局在第九次、第十次全体会议上曾就此展开过讨论，最后在列宁、考茨基"实际上进行了无产阶级的阶级斗争"、"独立于资产阶级政党"的主张下，英国工党获得了第二国际成员资格。但是，考茨基认为，工党需要实行社会主义，也需要社会主义目标，工党缺少社会主义的纲领；列宁认为工党只是建立社会主义政党的第一步。参见殷叙彝：《第二国际研究》，北京：中央编译出版社1998年版，第147、148页。
⑦ 参见［德］马克斯·比尔：《英国社会主义史》下卷，何新舜译，北京：商务印书馆1959年版，第296页。
⑧ 李华锋：《英国工党政坛沉浮与主导思想的关系研究》，北京：中国社会科学出版社2013年版，第6—7页。

纲领也体现出了工会的作用。

第二，思想来源的多样性，是英国社会主义运动的又一特点。英国作为一个历史悠久的国家，在发展中形成了自身独特的保守、改良、妥协的政治文化。这种渐进、妥协的变革方式是在保守与激进这两种政治倾向的激烈冲突中形成的，它是英国民族性在政治领域的凝结。① 英国给世界启迪深刻的是其"妥协—渐进"的传统，这种渐进变革的改良模式在社会变革中成本比较低，不容易出现反复。这种保守、改良、妥协的传统深深地影响了社会主义者及其政党工党。如近代自由主义出现后形成的传统，给生长在其中社会主义者打下了烙印，工党主导思想中追求的自由、平等与近代以来的自由主义思想是一致的。工党这种对自由主义的不自觉吸收，可通过德国左翼学者托马斯·迈尔的话来加深理解：近代历史上，现代社会主义是近代自由主义的自由运动的彻底继续发展（近代以来，自由主义出发点是个人的自由，而封建特权、资本主义的财产制度阻碍自由主义目标的实现，因此，近代自由主义的自由运动必然首先反对封建特权，之后必然要打破资本主义财产制度的限制）。现代社会主义克服了资产阶级财产利益决定的对近代自由主义概念的限制和歪曲。② 同样，深受英国费边主义影响的伯恩施坦也认为，社会主义是"有组织的自由主义"。③ 无独有偶，英国著名的政治学家 J. A. 霍布森④曾希望自由党能转变成"真正的、深刻意义上的社会民主党"，甚至希望自由党与工党实现联合，组成

---

① 参见钱乘旦：《现代文明的起源与演进》，南京：南京大学出版社1991年版，第293页。
② 参见[德]托马斯·迈尔：《社会民主主义导论》，殷叙彝译，北京：中央编译出版社1996年版，第6页。
③ [德]伯恩施坦：《社会主义的前提和社会民主党的任务》，北京：生活·读书·新知三联书店1965年，第197、200页。
④ 约翰·阿特金森·霍布森（1858—1940），英国政治思想家、经济学家。他生于英格兰一个富有家庭，毕业于牛津大学，毕生从事教学和研究工作，积极投身于英国社会改良运动。他主张国家干涉。他研究过帝国主义，认为帝国主义是一种经济现象。他主张社会有机体论，这与保守党和麦克唐纳等人的社会有机体论主张比较接近。他著有《贫穷问题》、《社会问题》、《帝国主义研究》、《自由主义的危机》、《战后的民主》、《从资本主义到社会主义》、《民主和变化中的文明》等。其帝国主义论与考茨基、希法亭、列宁、卢森堡、布哈林的帝国主义论是当时对帝国主义进行论述的典型代表。

一个"经过革新的党"。①

此外,英国社会主义与欧文有很大关系,这使其从一开始就具有和平改良属性。虽然马克思在英国生活了30多年(1849—1883),但马克思主义影响不大,一方面其激进的革命主张与英国和平渐进改良的传统不符;另一方面宗教在英国地位独特,对英国社会主义影响至深。在欧洲社会主义运动中,基督教对其他各国社会主义的渗透和融合都没英国明显。19世纪中叶,基督教社会主义主导了英国社会主义运动。此后,工联主义在英国社会主义运动中影响最大。而19世纪末,费边社会主义开始出现,并一跃成为了英国主流的社会主义思想。除了工联主义、费边社会主义之外,产联主义、工团主义、基尔特社会主义也对英国工人运动产生了一定的影响。思想来源的多样性有助于防止形成居正统地位的社会主义教义和教条,给人独立思想的空间。这也是自由的体现,显示着自由主义传统对英国社会主义思想的影响。

第三,实用性是英国社会主义运动的重要特点。英国社会主义运动"从来不是由一群醉心乌托邦梦想,以及不愿处理日常生活现实的理论家和革命家组成的"②。同样,教条主义在英国社会主义运动中从未获得重大影响。从产生起,社会主义者就尽量分担了对政府的责任。通过费边社倡导市政社会主义,地方政府改变了对社会问题的看法。在实用性的影响下,改良主义、议会道路成为英国社会主义的重要内容,这使得英国社会主义具有走宪政道路、主张和平变革的保守色彩,这也是英国工党始终拒绝英国共产党加入的重要原因;他们害怕英国共产党的激进主张会吓跑中间阶层的选民。而导致英国工党首次下台的"坎贝尔事件"③ (Campbell

---

① 殷叙彝:《社会民主主义与自由主义》,载《欧洲研究》2006年第2期,第10页;Michael Freeden, *Liberalism Divided*, Oxford: Clarendon Press, 1986, p. 218 – 219.

② [英] C. R. 艾德礼:《工党的展望》,吴德芬译,北京:商务印书馆1961年版,第15页。

③ 保守党因对英国工党促成英苏建交一事十分不满而于1924年10月挑起的促使工党下台的事件。坎贝尔时任英共《工人日报》的代理主编,他在报纸上呼吁士兵不要在劳资冲突中把枪口瞄向工人阶级同胞,遭到检察机关以煽动叛乱名义提起公诉。而麦克唐纳通过工党议员促使检察机关撤销了公诉。保守党以工党政府干涉审判自由为由提起了对第一次上台执政的工党政府的不信任案,投票过程中,工党的执政伙伴自由党倒戈,工党政府下台。

case)之后,导致大选失利的"红信事件"[①]也让工党对共产党心有余悸。

总之,英国社会主义早在19世纪形成的特征属性,构成了20世纪英国工党在意识形态领域的文化基因。从劳工主义到社会民主主义(具体是费边社会主义),到二战后的民主社会主义,再到"第三条道路",这种变化,万变不离其宗,继承了上述"遗传密码"。而英国社会主义的独特性构成了柯尔社会主义思想萌芽、产生和演变的客观环境。柯尔在自己的社会政治活动和理论研究中所体现的"理想主义"与"实用主义"两套标准,即"怀着布尔什维克的心,却陷入了费边的牢笼"尤其是实用主义明显反映了英国社会主义的上述特征。

### 三、19世纪后期英国的社会变革

英国是第一个工业国家,工业革命给英国在政治、经济、思想观念、社会、生态环境等方面带来广泛而深刻的变化。1870年以后,第二次工业革命使得这些变化更加深入。伴随着科学技术和工农业生产的飞速发展,以及资本主义从"自由竞争"到垄断的过渡,欧美主要资本主义国家的社会经济结构和阶级关系都发生了剧烈变化(例如同期美国处于"进步主义"的历史时期,出现了许多历史性变革),英国更是率先发生这些变化的典型代表。

当时,面对新局面,旧有政治结构中的某些环节已经不能适应。为了维护资本主义的统治,也为了使资本主义社会经济和政治结构能够顺利运

---

① 又称季诺维也夫信(Zinoviev letter)事件。工党政府在坎贝尔事件打击下倒阁后,议会解散、重新大选。大选中,保守党准备充分,亲保守党的《每日邮报》突然发表伪造的共产国际领导人季诺维也夫指示英国共产党利用英国工党以暴力推翻政府的来信。习惯于和平改良等英国传统文化的众多选民本来就对暴力革命的布尔什维主义心存疑虑,这封来信更是在舆论上制造了红色恐惧,麦克唐纳领导的工党执委会对此也处理不当,导致相当一部分选民改变投票意向,结果在大选中工党以150∶419的议席比例败给了保守党。从那之后,工党对共产党深怀疑虑、更加疏远。甚至在二战期间需要与共产党结成反法西斯统一战线之时,英国工党对共产党依然保持着警惕,对那些意图与共产党合作的社会主义联盟领导者克里普斯等人进行了处分(参见齐世荣:《世界通史资料选编·现代篇第一分册》,北京:商务印书馆1980年版,第427页)。而身处英国工党左翼非官方领导人地位的柯尔也在保持对工党忠诚度想法的作用下,没有深入参与统一战线活动。英国工党的这种态度阻碍了与英国共产党等左翼政党的合作,导致其在20世纪长期缺乏执政伙伴,处于在野状态。

行，重大的政治调整势在必行。具体说来，进行调整有以下几个原因：第一，1870年以后，工人阶级已经成为有组织的、强大的政治力量。第二，由于资本主义向垄断过渡，各个大国加强了海外掠夺，加强了瓜分殖民地势力范围的斗争，为此，垄断资产阶级必须增强军事力量，提高行政权力，讲求行政效率。第三，19世纪末期，社会化大生产问题靠社团或私人力量无法解决，需要国家干预，客观上要求扩大政府职能。第四，在电气化时代，政府工作的专业性质更强了，要求管理科学化。

在19世纪后期，资本主义世界在政治上出现了新的趋势：行政权力膨胀、国家机器强化、政府结构更加完善；政治民主扩大；政党政治正式形成；中产阶级出现等。英国在这方面走在各国的前列。而作为内源型现代化国家，英国集自由主义之大成，在许多制度方面开历史先河，如政党政治、议会制度、文官制度、福利制度，为他国纷纷效仿。同时，随着经济的高度发展，在近代西方世界，物质生活和精神生活都有很大的进步。当然，不同阶级之间物质生活和精神生活还存在着重大差别，但是人们（包括下层人民）生活有不同程度的提高则是不争的事实。

伴随政治改革、社会变迁同时发生的，还有工人运动新情况的出现和第二国际的诞生及其英国成员党的活动（英国工党在列宁和考茨基的支持下加入第二国际）。工人运动的新情况主要是指：只讲经济斗争、不求政治斗争的工联主义趋于式微；工团主义和产联主义有所发展，并形成了新的运动（参见本书第二章）。

这种改革运动使得社会主义内部产生了改良主义、修正主义等派别，也促进了19世纪末积极的自由主义出现。而积极的自由主义正是柯尔自由主义观念中重要的组成部分。

## 第二节 柯尔社会主义思想产生的氛围

柯尔的家庭和教育背景以及韦伯夫妇社会主义理论与实践的影响，直接启发柯尔形成了社会主义思想。

## 一、家庭与教育背景的影响

### (一) 家庭环境的影响

1889 年,第二国际在巴黎成立的同一年,柯尔出生在剑桥伊灵(Ealing)区,是乔治·柯尔(George Cole)最小的孩子。

柯尔自认为是一个幸运儿。"我生长在一个富裕的家庭,在一个好学校里受教育,父亲给了我为自己打算的一切机会。"① 柯尔父亲是房地产商、保守党成员、英国国教徒,思想比较自由,"他虽然是个保守党人,并且坚持认为社会主义就是'平均分配一切',却崇尚自由"②。柯尔实际上也"继承"了这种对自由的崇尚。

在这种氛围下,柯尔小时候的家庭环境比较和谐。当柯尔的妻子玛格丽特和弟弟拉蒙德·波斯盖特③(Raymond Postgate)因参与基尔特社会主义运动,导致他们的父亲老波斯盖特与他们断绝关系时,柯尔和他父亲的关系一直比较融洽,他成为社会主义者,也没有对家庭造成冲击。柯尔一直与父亲关系密切。柯尔在 20 世纪 30 年代探望父亲时,他们之间会争论一些政治问题,但也丝毫不尖刻。在观念上,柯尔虽然没有接受财产权自由这一传统的中产阶级思维,且在自由的应用方面也与父亲不同,但柯尔与他的父亲都强烈信奉放任自由的理念。

### (二) 柯尔在圣保罗公学的学习和进步

中学时代,柯尔于 1902—1908 年就读于伦敦的圣保罗公学。④ 柯尔在

---

① 柯尔:《费边社会主义》,夏遇南、吴澜译,北京:商务印书馆1984年版,第22页。
② 柯尔:《费边社会主义》,夏遇南、吴澜译,北京:商务印书馆1984年版,第22页。
③ 拉蒙德·威廉·波斯盖特 (1896—1971),英国社会主义者、记者、编辑、社会史学家、神秘小说家。他创办了《美食指南》杂志,是柯尔妻子玛格丽特·伊莎贝尔·柯尔 (1893—1980) 的弟弟。1918 年,他因参与社会主义运动和反战,以及与工党政治家乔治·兰斯伯里的女儿黛西·兰斯伯里结婚等原因而被保守党的父亲断绝了父子关系。1920 年,他参与创建了英国共产党,后担任过《论坛》的编辑。
④ 在英国,公学有着悠久的历史传统。公学虽然称为"public school",字面意思应为"公立学校",却并非由政府设立,而是指学校可以公开招生,不限于特定宗教、种族或地区的学生。英国有9所著名的公学,最著名的伊顿公学成立于1440年,圣保罗公学、什鲁斯伯里公学、威斯敏斯特公学、拉格比公学、麦勤泰勒公学和哈罗公学,是在15—16世纪创办的,切尔特豪斯公学创建于17世纪。圣保罗公学创建于1509年,由圣保罗大教堂的首席牧师、后任伦敦市长的约翰·科雷特(John Colet)接替创建于1103年的、当时已经衰落的圣保罗大教堂的宗教学校而创办。

圣保罗公学最初的课程量很大，但是成绩最好的课程是希腊语、拉丁语和古代史，他还在拉丁文诗作、挽歌和英文散文、历史、论文方面获过奖。他参与过校报《保林》(The Pauline)的编辑，"Pauline"是一个形容词，其意思是"使徒圣保罗的"，引申为"圣保罗公学的人"，即学生和教师等成员。柯尔在参与编辑《保林》时，曾模仿《奥克托珀斯》(Octopus)，后者曾在1906年11月到1907年6月由A. L. 约翰逊(A. L. Johnson)和柯尔在伦敦共同进行编辑。柯尔还担任过负责管理低年级事务的"级长"(prefect)职务。

在圣保罗公学里，"'帝国'传统价值和社会地位不像其他公学那样起压倒性作用"①。在学校都市的知识分子氛围下，柯尔及其朋友们认为他们自己是"脑力型的"，不怎么参与体育活动。在柯尔担任主席的学生联合会里，学生们经常辩论诸如"现代戏剧已经堕落"，"萧伯纳是伟大作家、但不是伟大剧作家"之类的观点。在一场涉及上议院的辩论中，他们把作家切斯特顿描绘成旁观者。而切斯特顿在《每日新闻》(The Daily News)中，把柯尔及其朋友描述成"不关心政治，却正在学着成为政治家的人"②。

柯尔在圣保罗公学的圈子政治立场进步，他们和社会主义者论证最低工资立法等促进社会公平的事务。然而，柯尔在公开场合对社会主义的态度却不甚明朗。在学生联合会的记录中，没有柯尔关于当时流行的进步党③、韦伯夫妇主张的市政社会主义并向市政政治渗透的辩论。柯尔在促进自己的社会主义理念和既存政治运动的联系上也表现缓慢。工党1906年大选的成就也没给他留下印象。

---

① Luther P. Carpenter, *G. D. H. Cole: An Intellectual Biography*, Cambridge: Cambridge University Press 1973, p. 7.
② G. K. Chesterton, *The Daily News*, 5 October 1907, from Luther P. Carpenter, *G. D. H. Cole: An Intellectual Biography*, Cambridge: Cambridge University Press 1973, p. 7.
③ 进步党（伦敦）是1888年由一批自由主义者和工人运动领导者建立的地方性政党，其成立受到了费边社的支持，悉尼·韦伯是其顾问之一，在1899年第一次伦敦郡委员会选举时，伦敦进步党获得了118席位中的70个，但在1909年败给了一个保守的市政改革党（Municipal Reform Party）。

柯尔早年的阅读是其成长过程中的重要因素。他阅读的内容相当广泛，对他产生影响比较大的是他在朋友的介绍下对威廉·摩里斯相关作品的阅读。阅读使得柯尔比较理性地看待事物，并且理性成为柯尔一生最显著的特点之一。这也使得他在青春期没有过多的冲撞和叛逆，也没有因处在宗教家庭和宗教社会而对宗教产生多大兴趣，相反却早在16岁（1905年）之际就已经相当自觉地成为了一名社会主义者。

后来，柯尔对圣保罗公学做过一个评价：圣保罗公学吸引了各种都市人群（他们的职业主要在文学或艺术方面），并认为相对于哈罗公学的"帝国建筑"，圣保罗公学在冒险精神的氛围方面更突出，而有的作品[①]所描述的沉重学业之外的冒险是圣保罗公学的真实写照。

（三）威廉·摩里斯自由主义的影响

威廉·摩里斯是英国艺术与工艺美术运动的领导人之一，世界知名的家具、壁纸花样和布料花纹的设计者兼画家。他抵制工业制造品以及媚俗的矫饰艺术，倡导手工艺的回归。他是拉斐尔兄弟会的一员，无论在绘画还是设计理念上他都追求中古主义，反对机械化。摩里斯精力充沛，同时是一位小说家和诗人，也是英国社会主义运动的早期发起者之一。他于1881年参加民主联盟，在民主联盟1884年底改名社会民主联盟后不到一年，他带领左翼独立出来建立社会主义联盟。[②] 1890年底，摩里斯因反对无政府主义者的恐怖行动而退出了当时被无政府主义者主导的社会主义联盟（该团体在1895年被并入克鲁泡特金的自由协会）；之后，他以同盟的铁匠支部为基础组成了铁匠社会主义协会。该协会始终只是确认对社会主

---

① See Compton Mackenzie: *Sinister Street*, London：Martin Secker, 1913；London：Martin Secker, 1923. 作者康普顿·麦肯锡（1883—1972），圣保罗公学毕业生，小说、传记、历史、回忆录创作者，文艺评论员、故事大王，苏格兰民族主义者。他是1928年成立的苏格兰民族党创建者之一，该党推动了2014年苏格兰独立公投。

② 此处的社会主义联盟只是在名称上与20世纪30年代中后期存在的社会主义联盟在名称上一样，但是性质和存在历史有着显著差别，前者是从威廉·摩里斯等社会民主同盟左翼分化出来的一个社会主义团体，从1885年存在到1895年；后者是工党内部的左翼组织，试图引导工党与独立工党、共产党联合组成反法西斯的统一战线：人民阵线，并主导人民阵线，该组织从1932年存在到1937年。

义抱有不可动摇的信念而没有真正的职能，因而就逐渐消散了。①

摩里斯最初从艺术角度倡导中世主义②（medievalism），反对机器大工业对手工操作中艺术美的破坏。对他来说，"艺术就是生活，生活就是艺术"③。他反对那种为了生存而被迫从事为老板追求利润、把生命消磨在既得不到快乐又得不到满足的工作中。

摩里斯在《来自乌有之乡的消息》（*News From Nowhere*，1890）等著作中，主张社会主义是一个单纯以友谊为基础、贯穿互助友爱的平等社会。在实现方式上，他反对彻底摧毁文明的暴力革命，主张以教育人们对良好社会的觉悟为途径来实现理想。他认为"集权官僚主义"不可取，但"像列宁一样，他希望国家'自行消亡'"④，并且他对纯改良主义的议会政治反感，他后来认为应当以工会为基础建立一个教育工人承担革命任务且不排除议会手段的政治运动。他认为，向理想社会过渡的过程中，必须经历一个大规模生产的社会主义阶段（他反感这一阶段：大规模生产会使生产者个人沦为机器的奴隶或附属品，而且供应劣质产品），之后才能减少机器的使用。他希望"人人都能自由地设计，自由地操作"⑤，因为一个人只有兼有这两方面才能在产品中表现出自己的个性。这些强调友谊、个性自由的观念深深地影响了柯尔，其各阶段的社会主义思想总是以个性自由为出发点，而且强调伙伴关系，就体现了这种特征。

---

① 参见[英] G. D. H. 柯尔：《社会主义思想史》第二卷，何瑞丰译，北京：商务印书馆1978年版，第412页。
② 中世主义又叫中古主义，英国的中世主义发生在19世纪后半叶：面对工业革命带来的种种弊病，英国兴起了复古主义或中古主义之风。实际上，复古已经在古今中外多次重复出现，比如中国唐宋时期的古文运动，明代从文学到艺术的自上而下对汉代文化的复古浪潮；再比如中东伊斯兰复古主义从18世纪起至今还是风起云涌；而印度甘地的复国运动也利用了复古主义具有一定的代表性（甘地提倡回归手工艺，回归印度古典文化）。"复古主义思潮，或者说复古情节，乃至由其所导致的复古运动都带有一定社会、文化和时代背景，而这种背景必然是由'接受'和'保持自我'的再创造过程，这种过程伴随的常常是一种对当代主流意识的逆反和厌恶，反映在政治文化上，便是对强势文明的抵触，同时强势文明也对原生文化产生排斥。"参见韩久海：《艺术设计中的复古主义》，载《艺术与设计》2009年第11期。
③ 柯尔：《社会主义思想史》第二卷，何瑞丰译，北京：商务印书馆1978年版，第418页。
④ 参见柯尔：《社会主义思想史》第二卷，何瑞丰译，北京：商务印书馆1978年版，第415页。
⑤ 柯尔：《社会主义思想史》第二卷，何瑞丰译，北京：商务印书馆1978年版，第417页。

柯尔第一次阅读摩里斯并由此接受社会主义是在1905年。在圣保罗公学，柯尔经朋友介绍，从摩里斯最有名的、创作于1858年的诗作《捍卫格尼维尔》(Defense of Guenevere) 入手，开始喜欢上中世主义。他追求这种精神状态，并阅读了每一本只要能找到的与威廉·摩里斯相关的书。从艺术与生活不可分离的观念出发，摩里斯的下述观念深深影响了柯尔：工作与生活的分离造成不幸和人性扭曲的重要原因在于现代工厂制度，因此，最幸福的人一定是喜欢自己工作的人。这一观点对于柯尔一生的政治观念和政治活动起着重要作用。

摩里斯的平等精神、自由理念对柯尔产生了巨大影响。这些思想成为了柯尔价值观念的源头。通过摩里斯，柯尔感受到了一个良好社会及其涉及的价值。通过阅读摩里斯，"柯尔以最现实方式进入了工人运动，顿时认识到了一种完全不同和道德上优越的生活方式，即社会主义"①。

除此之外，柯尔还通过摩里斯领悟到了爱德华（Edwardian VII）时代②的自由主义价值观念，这使得柯尔从自由主义一侧进入了社会主义运动。对于柯尔来说，摩里斯的影响超过了马克思和其他社会主义思想家，威廉·摩里斯是柯尔的精神导师。

总的来说，威廉·摩里斯在艺术等方面的观点，构成了柯尔从已经萌芽的艺术兴趣到形成明确的社会意识之间过渡的桥梁。通过阅读摩里斯，

---

① Luther P. Carpenter, *G. D. H. Cole*: *An Intellectual Biography*, p. 10.
② 爱德华时代指1901年至1910年英王爱德华七世在位的时期。维多利亚女王1901年1月去世，王储爱德华继位，和在公众场合不常出现的维多利亚不同，爱德华是潮流的领袖，他爱好旅游，建立了一套受欧洲大陆艺术和潮流影响的时尚。这一时期政治出现重要变化，以往排除在政治之外的劳工和女性，其政治参与程度越来越深。爱德华时代没有出现严重萧条，虽然英国在经济增长率、制造业产量和人均占有量方面已经被美国和德国超过，但是英国仍然在世界贸易、金融和运输方面处于领先地位，而且在制造和采矿方面也有稳固基础。这一时期的主要经济成就仍然比较重要。世界金融中心伦敦的效率、范围远胜于纽约、巴黎和柏林。英国在正式和非正式的帝国领土建立了巨额海外储蓄。英国在美国的各行各业中，都有巨型的金融控股公司。这些资产在一战初期英国购买军需时，显得极其重要。英国各地的基础设施不断扩建，周围一片繁荣。此时，工人开始进行政治抗议活动，争取在政府中有更大的声音。爱德华时代英国经济和社会变化创造了更大的社会流动环境，社会主义越来越受到重视、穷人困境得到关注、女性地位产生变化且经济机会变多。一战结束后，以上变化的过程变得更加急促。有部分人认为，这一时代在爱德华去世后延续至1919年，在此期间发生的事件包括泰坦尼克号沉没、一战爆发和结束、凡尔赛会议等。

柯尔十分赞同"艺术来源于社会,艺术与手工业者的分离在道德上、心理上都是错误的"这一说法。柯尔从摩里斯的作品那里认识到:

> 工作质量和生活质量不能分离,而且工作成为厌烦的日常负担、不能满足其自然本能的人,决不会在业余生活中过得幸福和有效……许多现代工厂中的劳动,繁重且强度高,这是导致今天世界上不幸、坏脾气、阻挠人性或扭曲人性的重要因素。无论我们发现自身与滥用的幸福之间矛盾有多大,我确信,我们之中最幸福和最融洽处世者,都是能享受工作的人。①

对于柯尔来说,这些理念对于他整个人生都十分重要。它们给柯尔提供了一个奋斗目标。摩里斯使柯尔实际上认识到"整个生活取决于工作中的自我表达"②,而柯尔的基尔特社会主义思想和工业民主观建构在这种认识的基础上。他把工作的含义与他喜欢的摩里斯的格言进行了混合:"伙伴关系是天堂,而缺少伙伴关系是地狱","伙伴关系是生命,而缺少伙伴关系是死亡"。③

这些理念,变成了柯尔试图改造世界的基础。从摩里斯那里,柯尔感觉到了良好社会的内涵及其价值。在柯尔那里,摩里斯是一个受尊敬的人物。柯尔拥有《啄木鸟》(Woodpecker)这个摩里斯最漂亮的作品,并在自己的书房里放置了摩里斯的大理石半身雕像。柯尔受到摩里斯积极的影响,并用许多方式来模仿摩里斯。由此,通过阅读威廉·摩里斯的作品而信仰社会主义的柯尔,以理想主义的方式进入了社会主义运动。

这样,1905年(工党—自由党联盟1906年大选获胜前一年),柯尔在阅读威廉·摩里斯的作品时受到启发,思想发生了转变,"基于道德、正

---

① G. D. H. Cole, "William Morris and the Modern World," *Persons and Periods*, London: Macmillan, 1938, p. 293.
② Luther P. Carpenter, *G. D. H. Cole: An Intellectual Biography*, Cambridge: Cambridge University Press 1973, p. 9.
③ William Morris, "A Dream of John Ball," in G. D. H. Cole ed., *William Morris: Stories in Prose, stories in Verse, Shorter Poems, and Essays*, London: Nonesuch Press, 1948, p. 212.

派和美感……成为了一名社会主义者"①。这一转变使得柯尔终生都走在了这条道路上,但这并不是柯尔一生的唯一,柯尔在业余时间从事教育(高等教育方面,成为首任"齐切勒"讲席教授;工人教育方面,担任过工人教育协会副主席),并与其妻玛格丽特共同写作以谋杀案为题材的神秘小说。他的多面人生,也显示了多才多艺的摩里斯对柯尔日常生活的影响。

(四)费边社牛津大学分社的社会主义启蒙

1908年,柯尔进入牛津大学学习。他很快就加入了费边社牛津大学分社。在那里,他认识了许多当时重要的社会主义者。

柯尔在费边社牛津大学分社结交的朋友有两类。

一类是年长的赞同社会主义的人,如 A. D. 林赛②(Lindsay)、穆瑞③(George Gilbert Murray)和 A. J. 卡莱尔④(Carlyle)。其中卡莱尔对柯尔尤其重要,他在1925年把柯尔选入大学经济学高级讲师(Reader of University in Economics)行列,使柯尔得以重返牛津,不再处于基尔特社会主义结束后的无家可归状态。托尼也进入了这些年长者行列,但托尼比林赛、穆瑞、卡莱尔要小很多。在柯尔读本科(1908—1912)时,由于托尼在工人教育协会(Workers Education Association, W. E. A.)的活动(向大学生和工人宣传、灌输社会主义意识),费边社牛津分社培养了一大批年轻的社会主义积极分子,从而在很大程度上弥补了英国社会主义运动在19、20世纪之交时在人员方面的不足。和柯尔一起写过许多基尔特社会主

---

① G. D. H. Cole, "British Labour Movement: Retrospect and Prospect," pp. 3 – 4.

② 亚历山大·顿罗普·林赛(1879—1952)英国学者、贵族,首位伯克尔的林赛男爵(Baron Lindsay of Birker),以桑迪·林赛(Sandie Lindsay)出名。曾于1904—1906年任牛津大学贝利奥尔学院讲师和研究员,一战中以中尉身份服役,后任牛津大学巴里奥尔学院院长、牛津大学副校长。1937年,他与捐款一百万英镑的纳菲尔德勋爵合作创建了牛津大学纳菲尔德学院(柯尔在二战期间曾参与纳菲尔德社会重建调查活动,取得积极效果),1938年,在一部分工党、自由党、保守党人士的支持下,独自公开反对慕尼黑协议,1949年创办了基尔大学。作品有《苏格拉底论文集》、《马克思的〈资本论〉》、《密尔的功利主义、自由和代议制政府》、《伯格松的哲学》等。

③ 乔治·吉尔伯特·穆瑞(1866—1957),出生在澳大利亚的英国古典学者和知识分子。其主要研究专长是古希腊文化和语言。

④ A. J. 卡莱尔(1861—1943),英国历史学家,曾任教于牛津大学。

义文章的威廉·密洛①（William Mellor），在柯尔入学的时候是费边牛津大学分社的职员。

另一类是较年轻的一批人，包括伊瓦尔·布朗②（Ivor Brown）等人，他们后来和柯尔一起加入了工人运动（其中伊瓦尔·布朗在柯尔去世后还写过纪念文章③）。其余的年轻人有拉蒙德·波斯盖特等，他们协助柯尔汇总材料并评审柯尔的观点，后来曾经加入柯尔主导的（费边社）劳动研究部和全国基尔特联盟。柯尔的处女作《劳动之世界》④（*The World of Labour*）就直接来源于费边牛津大学分社的巴利奥尔学院小组（Baliol College Group）和政治学小组（Political Science Group）关于工团主义的讨论。这样，柯尔在一批精力充沛的思想家和研究者环绕之时，做出了自己最好的工作；而费边牛津大学分社则有力地促进了柯尔快速成长。

柯尔在进入牛津的第二周就开始尝试创办社会主义刊物，在他进入牛津的第一个学期，就与一些志趣相投的人共同编辑发行了《牛津社会主义者》（*The Oxford Socialist*）；该刊及其继承刊物《牛津改革者》（*The Oxford Reformer*）持续了七个学期。

---

① 威廉·密洛（1888—1942），英国左翼记者。他1913年加入《每日先驱报》，一战期间因反战被捕入狱，获释后回到了《每日先驱报》。20世纪头十年，他是一个基尔特社会主义者，与柯尔密切合作，建立了全国基尔特联盟，1920年他参与创建了英国共产党，1924年退党。之后做过《先驱》、《论坛》等杂志的编辑，并在最后十年与《论坛》记者芭芭拉·卡索（Barbara Castle，后担任过交通大臣和欧洲议会议员）保持过一段婚外情。他曾与柯尔合著《工业自由的含义》（1918）等，独自撰写过《直接行动》（1920）与《合作社运动和为社会主义的奋斗》（1933）等。

② 伊瓦尔·布朗（1891—1974），英国记者、作家、编辑。他出生在马来亚（今马来西亚），早期曾在内政部工作，后参与左翼活动，并参与一战的反战活动。他为《新时代》撰过稿，在《曼彻斯特卫报》工作过，曾任《观察家》主编。他写过一些戏曲评论并对现代诗进行过抨击。他的作品很多，与本书相关的主要有《民主的意思》（1919）、《英国的心》（1935）、《理性范围内的左翼》（1939）、《英国思想》（1947）等。

③ Ivor Brown, "G. D. H. Cole as An Undergraduate," in Asa Briggs, John Saville eds., *Essays in Labour History: In Memory of G. D. H. Cole 25 September 1889 – 14 January 1959*, London: Macmillan, 1960.

④ ［英］G. D. H. 柯尔：《劳动之世界》，胡善恒译，上海：商务印书馆1922年版。

### (五) 大学期间的多元主义思想启蒙

柯尔在牛津大学巴利奥尔学院①（Balliol）求学期间，受到那个时代各种思想的影响。

柯尔对唯心主义哲学产生过兴趣，J. A. 史密斯②（Smith）关于唯心主义的课吸引了柯尔一段时间。尽管短暂，它却构成了这位社会主义思想史学家兴趣的一部分。历史学家认为英国社会主义来源于非国教教徒（nonconformist），而哲学唯心主义给这些提供了解释。柯尔后来的社会主义观念中存在着浓厚的伦理倾向和主观色彩，这与其早期世界观的这种塑造有一定关系。

而牛津大学贝利奥尔学院院长、基督教社会主义者 A. D. 林赛的课对柯尔产生了实质影响。如果说，摩里斯只是从文学艺术等感性认知的角度出发为柯尔勾勒了一幅社会主义图景。那么，A. D. 林赛则从政治理论这一理性认知角度为柯尔牢固树立了多元主义，这使柯尔自由主义类型的社会主义思想萌芽得到了理论滋养。

A. D. 林赛介绍了政治多元主义和国家职能的概念，并强调了国家的经济和社会职能。"柯尔发现林赛的思维框架十分合胃口，与自己正在形成中的思维比较合拍。"③ 这里所说的合拍，实际上是柯尔内心对政治一元论（Political Monism）的怀疑，与林赛适时介绍的、否定政治一元论的多元主义（pluralism）不谋而合。

因此，从大学时期开始，柯尔从短暂的唯心主义转向了多元主义。

---

① 贝利奥尔学院是牛津大学最著名、最古老的学院之一，以活跃的政治氛围著称，曾经培养出了多位重要人物，比如亚当·斯密、汤因比、麦克米伦（首相）、赫胥黎，涉及本书的有贝弗利奇和柯尔。此外该学院也是牛津招收外国学生最多的学院。巴利奥尔学院早期一直是比较不引人注目的学院，直到19世纪中期本杰明·乔维特（Benjamin Jowett）出任院长后才逐渐将学院发展成为牛津最重要的学院之一。英国前首相阿斯奎斯曾形容巴利奥尔的学生"平静地流露出一种自然的优越感"。

② 约翰·亚历山大·史密斯（1863—1939），英国唯心主义哲学家。他在1896—1910年任牛津大学巴利奥尔学院哲学讲师，1910—1936年任哲学教授，同时在牛津大学莫德林学院任道德与形而上学方面的研究员。他著有《知与行》、《论情感》和《艺术的性质》等作品。

③ Luther P. Carpenter, *G. D. H. Cole: An Intellectual Biography*, Cambridge: Cambridge University Press 1973, p. 17.

## 二、韦伯夫妇社会主义理论与实践的影响

前面所述柯尔的思想之路,即威廉·摩里斯和 A. D. 林赛的影响,只是使柯尔产生了初步的、零散的社会主义思想。柯尔社会主义观念的系统形成,更有赖于他"教父"式的人物——韦伯夫妇。在《劳动之世界》一书的初版序言中,柯尔认为自己对工人运动认识的第一层,是来自"对于袁伯夫妇(即韦伯夫妇——笔者注)关于这个问题的名著","受益的地方很多,我的这种感谢,不得不在此声明"。① 韦伯夫妇的学说作为系统知识,影响了柯尔的思想轨迹。不过,像对待唯心主义一样,柯尔对韦伯夫妇的学说也经历了一个扬弃的过程。

虽然早在 1906 年,柯尔就加入了独立工党伊灵支部,但是由于"希望和朋友能设想出持续的、真实的社会主义"②,柯尔于 1908 年加入了费边社,在那里受到了韦伯夫妇教父般指导,从那时起才开始树立系统的社会主义观念。

柯尔受韦伯夫妇影响之处主要有三个方面:一是工业民主。柯尔加入韦伯夫妇主导的费边社时,正值韦伯夫妇领导着费边社,并达到了其一生事业的高峰时刻。当时,柯尔通过参加废除《济贫法》运动认识了该运动的倡导者韦伯夫妇。柯尔通过认可《济贫法委员会少数派报告》(Report of the Minority of the Poor Law Commission)认同了韦伯夫妇在工业民主方面的观点。韦伯夫妇也受邀向费边牛津大学分社授课。悉尼·韦伯还在 1910 年向柯尔编辑的《牛津改革者》(Oxford Reformers)投过稿。随后,柯尔还开办了韦伯夫妇领导之下全国废除济贫法委员会的分支机构。柯尔最初接受了韦伯夫妇关于贫困报告中的观点,但不久后他分析发现这些对待穷人的观点难以站得住脚。二是韦伯夫妇使他接触到了社会问题的经验和实证的一面,强化了对纯理论的怀疑,认识到社会主义不仅仅是纯粹的理论,更是一种实际的政治活动,从而打破了最初对社会主义经院式的理解。三

---

① [英] G. D. H. 柯尔:《劳动之世界》,胡善恒译,上海:商务印书馆 1922 年版,出版序言第 1 页。

② Luther P. Carpenter, G. D. H. Cole: An Intellectual Biography, p. 15.

是韦伯夫妇还提供了使柯尔满足社会研究和走向经验层面需要的组织机构，通过这些机构，柯尔把自己不断增长的对技术知识的认知需求转化为社会研究。这些机构有产业控制咨询委员会（Inquiry Committee into the Control of Industry）和（费边社）劳动研究部。它们都是韦伯夫妇主导的研究机构。

柯尔与韦伯夫妇的早期关系对柯尔奠定一生的社会政治角色有很大影响：

第一，在策略方面，柯尔非常认同并践行了韦伯夫妇倡导的渗透策略。从1910年5月开始，柯尔一直赞同渗透策略并参与了对工党的渗透。如工党1918年党纲就是这种渗透的结果，实际上，柯尔比韦伯夫妇花了更长时间向工党进行渗透，意在使工党变成实现进步的工具。工党的"共同协商模式"和工党的混合所有制主张，正是柯尔等人基尔特控制国有化部门主张对工党渗透的结果。

第二，在角色方面，柯尔像韦伯夫妇一样，在行动上主张通过压力集团对政治施加影响，而不愿成为主导官方实际政治进程的政治家。柯尔是宁愿施展影响但不愿意行使权力的"典型局外人（archetypal 'outsider'）"。柯尔在韦伯中风后获得了费边社的领导权（20世纪30年代，柯尔通过自己倡导成立的新费边研究局接管了原费边社，于1939年成为重组后费边社的首任执行委员会主席，虽然柯尔认为费边社"没有正统"[①]，但他的确在行使领导权），扮演着类似于韦伯夫妇的角色。柯尔在工人运动中获得独立地位时，认识到了韦伯夫妇的重要地位，把他们称作"新秩序的先知"[②]。

第三，在原则方面，柯尔从韦伯夫妇等"老人帮"那里学到了费边社的渐进和实用原则，形成了"布尔什维克的心和费边社牢笼"的双重原则，克服了摩里斯对机器大工业的反感（主张摒弃机器大工业，回到中世纪）。但是，柯尔从韦伯夫妇那里接受了机器大工业，试图"熨平即便是

---

① [英] G. D. H. 柯尔：《费边社会主义》，第2页。
② G. D. H. Cole, "The Webbs: the Prophet of the New Order," *Current History* (New York), Vol. 37, No. 2, Nov. 1, 1932, p. 141.

非人性的工业体系的缺陷"①。人们会说韦伯夫妇是柯尔的"社会主义父母"②（socialist parents），这种说法虽然不十分精确，但也比较生动地反映了韦伯夫妇与柯尔早年密切的思想关系。

就这样，虽然对具体路径、步骤还不太清晰，甚至由于对费边社过分拘泥于渐进主义及具体做法不满等原因，柯尔"至少四次退出执行委员会"③，但正是在韦伯夫妇的带领下，柯尔形成了系统的社会主义观念。

柯尔正是在对韦伯夫妇"叛逆"的过程中，受到当时工团主义、产联主义尤其是彭蒂、霍布森等人基尔特社会主义的影响，发生了思想转变，进入到了基尔特社会主义运动中，并成为了其中的集大成者。

---

① Frances Hutchinson and Brian Burkitt, *The Political Economy of Social Credit and Guild Social*, London and New York: Routledge, 1997, p. 22.

② Luther P. Carpenter, *G. D. H. Cole: An Intellectual Biography*, Cambridge: Cambridge University Press 1973, p. 19.

③ ［英］玛格丽特·柯尔：《费边社史》，杜安夏译，北京：商务印书馆1984年版，第152页。

# 第二章　基尔特社会主义

在英国这样独特的历史条件和思想条件下，基尔特社会主义的产生有着历史必然性。柯尔是基尔特社会主义理论的集大成者和最典型的代表人物，以至于提及基尔特社会主义，人们就会想到他。基尔特社会主义是主张以基尔特为中心对社会进行重组从而实现社会主义变革的流派，它源于中世纪的"行会"传统，借助中世主义之风，在19世纪末、20世纪初英国社会发生急剧变化、工团主义和产联主义传入英国的情况下获得了支持和宣扬，并持续了将近20年。柯尔基尔特社会主义的主要理论基础是多元主义、职能民主理论和对个体自由的崇尚；主要内容有以"社会所有、基尔特管理"为特征对社会进行重组，组建基尔特公社对全社会公共事务进行管理等；基尔特社会主义强调自治，尊重并着力实现个体自由，因而在英国获得了重大发展。在历史上，基尔特社会主义的运动实际上促进了英国自由党的衰落和工党的兴起，改变了英国政坛。但由于其处在资本主义加强垄断、促进集权的历史时期，过分超前于当时的英国国情，因而最终在一战后走向了终结，在社会主义声势方面让位给了社会民主主义。

## 第一节　基尔特社会主义的概念及其兴起

基尔特社会主义是 20 世纪初期英国重要的社会主义运动之一，它从产生（1905 年）到终结（1923 年）持续了将近 20 年的时间，涌现了一批个性鲜明的学者和社会活动家，比如彭蒂、S.G. 霍布森、柯尔、威廉·密洛，甚至哈罗德·拉斯基这样的英国工党领导人也一度受到柯尔的影响参与其中。①

### 一、基尔特社会主义的概念

基尔特社会主义又称行会社会主义、同业社会主义，是 20 世纪初流行于英国工人运动中的社会主义流派。

"基尔特"（guild，在有的文献中也被称作"gild"）一词源于中世纪的拉丁文，又译作"行会"，原是欧洲中世纪由商人、手工业者、工匠师傅和学徒等为了互助、沟通信息和保护本行业利益而组成的各种协会，是西欧各国独立生产者为规范生产或商人为规范销售而组织的联合团体。行会的职能一般有：一是规范成员的交易、纳税、买卖等经济行为；二是对团体内的弱势群体的救济和互助功能，调控帮工与学徒的关系；三是规范成员的伦理及礼仪标准；四是规定领导机构的执行权；五是规定领导职位更替的原则；六是规范行会高层的行为。② 例如：查理大帝时期，"自由的农民还建立了保护性协会'基尔特（gild）'，该组织中的所有成员都发誓将在危机与险难来临时互相帮助。这也是商人与手工业者行业协会'基尔特'的前身，后者也是中世纪城市的标志③。"

中世纪时期，行会影响重大，有的行会领导者还出任过伦敦、北安普

---

① 吴韵曦：《哈罗德·拉斯基的社会主义思想研究》，中国人民大学国际关系学院 2013 年博士论文，第 41 页。
② 参见陈日华：《中古英格兰地方自治研究》，南京：南京大学出版社 2011 年版，第 138 页。
③ [美] 罗伯特·科尔：《周末读完德国史》，欧阳林、高晓云、何康译，上海：上海交通大学出版社 2012 年版，第 24 页。

敦等市的市长。① 出任市长职位正是行会自治制度在社会生活中有影响的体现。

但到了18世纪上半叶，英国小作坊的行会制度已经在外包制和手工工场的冲击下逐渐丧失了调控劳资关系的功能。伴随着18世纪行会的衰落，政府的工资管制能力也随之下降。

这一过程直到19世纪中后期，威廉·摩里斯等人因不满机器大工业对艺术个性灵感的抑制而在艺术思想领域掀起中古之风，才使得中世纪盛行的行会受到了关注。直到20世纪初，摩里斯的徒弟彭蒂号召恢复基尔特，进而引起S. G. 霍布森、柯尔等社会主义者的共鸣，才形成了基尔特社会主义运动。

总的来说，基尔特社会主义就是以基尔特团体为载体，将各行业和社会机构重新组织在工人自治的基尔特团体之中，对全社会的生产资料和人员通过基尔特团体进行管理的社会主义思想。

**二、基尔特社会主义的兴起**

基尔特社会主义的产生有着深刻主客观条件：客观上，当时的时代背景提供了基尔特社会主义兴起的基础；主观上，在相对独特的英国国情作用下，学者和社会活动家的研究和参与活动促使了基尔特社会主义应运而生。

（一）客观条件

基尔特社会主义产生的客观条件主要是在机器大工业破坏传统工艺美感、束缚人的自由之时，费边主义、工联主义难以满足人们的需求（如费边主义进入了"间歇期"），而工团主义、产联主义等欧洲大陆或美国的促进工人运动更加有效开展的工人运动思潮纷纷传入英国。

正如威廉·摩里斯所批判的那样，机器大工业不利于发挥个体的创造性。在这种氛围下，号召工人团结在工会下面，以工会为单位组织社会生

---

① 参见李增洪：《13—15世纪伦敦社会各阶层分析》，北京：中国社会科学出版社2005年版，第121页。

产从而实现社会变革的工团主义从欧洲大陆传播到了英国，而主张行业内部各个工种打破原有工会界限进行大联合的产联主义也从美国传到了英国。

这两种工人运动思潮的传入，有助于克服英国工联主义只重视具体工会活动和经济斗争的不足，也有助于克服费边主义"害怕革命"①（坚持渐进，反对突变）的不足，促进了工人运动突破经济斗争的界限，并促进了行业内部各个工种以及不同行业之间工人阶级的大联合，促进了工人阶级整体力量的崛起。这在1910—1914年一战前这几年的时间内表现得比较明显。

产联主义的工人大联合主张和工团主义以工人组织改造社会的主张，分别在组织策略和组织形式上启发了基尔特社会主义。基尔特社会主义以基尔特为载体代替工团主义中的工会作为工人运动的载体，更具有英国特色；基尔特社会主义以基尔特组织的联合代替了产联主义的各工种工会的联合，提出了生产资料所有制进行变革的主张，比产联主义更具有彻底性。可以说，基尔特社会主义既与工联主义、工团主义、产联主义有一定的渊源，又在一定程度上博采众长，展示了较为鲜明且富有英国特色的社会变革主张。

（二）主观条件

基尔特社会主义兴起的主观条件主要是英国自治和自由主义传统下，学者和社会活动家面对资本主义对中古文明的破坏、对机器大工业造成的"原子化"（卢卡奇语）个体生存状态的不满而产生的中古主义（中世主义）思潮，如恢复基尔特传统等主张得到了众多社会主义者的响应。

19世纪末，资本主义工业化突飞猛进，劳资冲突不断出现，使得社会主义获得巨大发展。各种社会主义流派竞相登场，在彼此的争论中争取工人大众的支持。具有英国自治、自由主义传统特色的基尔特社会主义，在这样的时代背景下应运而生。

1906年，摩里斯的信徒彭蒂在《基尔特制度的恢复》（*The Restoration of Guild System*）一书中，抨击了现代工业制度，提出在中世纪手工业生产

---

① 《马克思恩格斯选集》第4卷，北京：人民出版社1995年版，第718页。

组织的基础上建立社会自治体制，以手工业生产取代资本主义生产的主张。该书反映了当时英国社会的复古思潮，引起了各界广泛关注。

接着，曾经担任费边社执行委员的工业记者、商人S. G. 霍布森，在怀疑工党的革命性的同时向费边社提出了重建一个独立的社会党的设想，遭到了拒绝，遂于1909年退出费边社，在思想主张上开始接近基尔特社会主义。霍布森不同意彭蒂的中古主义，他精通而且赞成现代生产技术，主张工人自己掌握生产资料。他主张通过劳工斗争以使政府接受"工业社会主义"。他撰写了一系列题为"全国基尔特"（National Guild）的论文，发表于阿尔弗雷德·奥尔雷奇①（Alfred Orange）编辑的《新时代》（*New Age*）杂志。自此，"'基尔特社会主义'这一术语被公开使用，在工会运动中广泛传播"②。因此，霍布森被认为是"基尔特社会主义"这一术语的发明者。

这样，19世纪末，面对资本主义对人类文明的破坏，威廉·摩里斯提倡中古主义，主张恢复行会等制度。随后产生了基尔特复兴运动的热潮。基尔特社会主义运动诞生于20世纪初，最早在英国大学社会主义讲坛和费边社中发展起来，后来在技术工人、教授、雇主和记者中获得了更多的支持者，逐渐在英国矿工联合会、铁路工会、邮电工会、全国教授会和独立工党中占有优势地位。基尔特社会主义主张由劳动者通过协作关系来支配实业运动，把工会从劳动者的"自卫"组织改造成为"管理"组织，实行"产业自治"。

当时，《新时代》有一批出色的撰稿人，包括阿诺德·贝内特③（Arnold Bennett）、G. H. 切斯特顿、希莱尔·贝洛克④（Hilaire Belloc）以及左派知识分子的大多数领军人物。"有关基尔特的各个方案，似乎在以

---

① 阿尔弗雷德·理查德·奥尔雷奇（1873—1934），英国知识分子。他早年当过教师，兴趣广泛，1905年成为《新时代》杂志主编并因此在一战前出名。
② 吴韵曦：《哈罗德·拉斯基的社会主义思想研究》，中国人民大学2013年博士论文，第42页。
③ 伊诺克·阿诺德·贝内特（1867—1931），英国作家、小说家。他曾当过记者，涉足过宣传和电影行业。
④ 希莱尔·贝洛克（1870—1953），是一名英、法双重国籍的作家和历史学家、政治活动家。他曾任牛津联合会（Oxford Union）主席、萨尔福德（Salford）选区的自由党议员，并在20世纪早期以传记写作出名。

工团主义与跨行业工会主义（即产联主义——笔者注）为一方，以及以国家社会主义或集体主义为另一方的两种理论之间形成了一座桥梁。"① 当时，基尔特社会主义对基督教社会主义者特别有吸引力（他们反对国家对教会实行"伊拉斯特"②式的控制）。

基尔特社会主义于1912年开始吸引工人群体的目光，但响应号召的主要是一批人数不多、但精力充沛的青年知识分子，他们大部分来自牛津，如毛里斯·雷吉特和柯尔等。1913年《劳动之世界》的出版标志着柯尔成为其中重要一员。基尔特社会主义的代表人物有亚瑟·约瑟夫·彭蒂③（Arthur Joseph Penty）、S. G. 霍布森、威廉·密洛和柯尔等。关于上述几位基尔特社会主义者的地位，马克斯·比尔（Max Bill）认为："我们必须把思想谨严的中古主义者和杰出的基督教社会主义者彭蒂看作是近代基尔特理论的创始人，但使这种理论和普通社会主义哲学相适应的却是霍布森和柯尔。"④

1914年12月底，基尔特社会主义者代表在埃塞克斯郡斯托灵顿召开

---

① ［英］G. D. H. 柯尔：《社会主义思想史》第三卷上册，何瑞丰译，北京：商务印书馆1981年版，第257页。

② 伊拉斯特是"Erastian"的音译，是主张国家依据《威斯敏斯特敕令》（1285年，又译《温彻斯特法令》）对教会实施控制的教派，反对该派的一位领袖人物是约翰·尼维尔·菲吉斯（1886—1919年），多元主义者，著有《现代国家中的教会》一书；另一位是"红色牧师"康拉德·诺埃尔（1869—1946），著有《基督的一生》；此外，还有毛里斯·B. 雷吉特、R. H. 托尼以及后来的坎特伯雷大主教威廉·坦普尔（1881—1944）。参见［英］G. D. H. 柯尔：《社会主义思想史》第三卷上册，第258页。"Erastian State"也被译作万能国家，研究者认为，1349年《劳工法案》的颁布是英国在经济领域的第一项国家立法，它使得这种"万能国家"开始发展，世俗权力逐渐代替牧师权威，当时正值圈地运动，为了给新兴的资本主义提供充足的廉价劳动力，该法针对圈地运动后无家可归的农民，命令包括牧师在内所有人不得救济有劳动能力的乞丐。参见闫凡祥：《国家与社会：英国社会福利观念的变迁与撒切尔政府社会福利改革研究》，重庆：重庆出版社2009年版，第36—37页。

③ 亚瑟·约瑟夫·彭蒂（1875—1937），最初是基督教社会主义者，在受到威廉·摩里斯影响后成为中古主义者。彭蒂非常憎恶现代工业制度，号召恢复手工工业，恢复小规模生产制，由基尔特进行监督，他步摩里斯后尘，认为大规模生产的"价廉质劣"的产品真正对消费者没有任何好处，并且力陈：这种商品的生产，使工人在厌烦的劳动中生活，工人既不自豪也不快乐。他还写了《农业的恢复》，提倡深耕细作，以便和手工业共同满足消费者需求，从而摆脱对劣质商品生产需求。参见［英］G. D. H. 柯尔：《社会主义思想史》第三卷上册，何瑞丰译，北京：商务印书馆1981年版，第255—256页。

④ ［德］马克斯·比尔：《英社会主义史》下卷，何新舜译，北京：商务印书馆1959年版，第318页。

的一次会议上,就诸如国家、政府、基尔特组织、基尔特代表大会、加入基尔特的条件、报酬与财产分配、外贸与投资、教育和妇女等14个专题进行了为时一周的讨论,通过了一份纲领性文件《斯托灵顿文件》。①

1915年,柯尔和霍布森等人在伦敦正式成立了全国基尔特联盟(National Guilds League,NGL),该组织的宣言要求废除工资制度,反对官僚政治,主张在各种基尔特组织的基础上构建国家,以实现彻底的产业自治。

在一战期间和一战后不久,一些基尔特组织相继成立。在开始阶段,霍布森领导建立了全国建筑基尔特有限公司,工人被选举为管理者。这也是所有基尔特组织中最成功的一个。随后,各种基尔特组织不断出现,在基尔特委员会成立之时基尔特社会主义运动达到高峰。

但是,随着一战的结束,政府收紧了在战争中有求于工人时所做的让步,加上一战后因停火导致需求剧减,以及国际经济中英国传统经济地位的动摇,英国出现了经济萧条。在萧条之中,政府压缩开支,拒绝履行与基尔特组织的合同。这样,在"黑色星期五"②(1921年4月15日)遭遇挫折、同年7月份宣告失败的罢工中,基尔特社会主义运动遇到挫折;此后,由于债务缠身,基尔特社会主义运动在债权人破产请求中结束。1922—1923年,英国经历了一战后第一次经济衰退,基尔特社会主义作为有组织的运动迅速瓦解,后来在南非、奥地利和日本的基尔特社会主义运动也覆灭了。"在1923年之后,已不再有任何有组织的基尔特运动,不过工会继续提出的工人参加管理的要求,仍然有着基尔特运动的某些影响。"③基尔特社会主义为工人参加管理提供了理论支持,英国工党的集体协商模式就与此相关。

基尔特社会主义运动的目标是实现整个社会的自治,是20世纪初一次

---

① 参见吴淑清:《基尔特社会主义:斯托灵顿文件》,载《国际共运史》1988年第2期。
② "因为人们认为就是在这一天,势力很大的三边产业联盟(铁路工人工会、运输工人联合会、矿工联合会——笔者注)很不光彩地垮台了,战后产业工人斗争旺盛的时期也随之而决定性地告终了。"[英]G. D. H. 柯尔:《社会主义思想史》第四卷上册,第411页。
③ [英]G. D. H. 柯尔:《社会主义思想史》第四卷上册,第433页。

重要的有组织的工人运动,但在三十年内便基本销声匿迹。只有在以色列,被称为"资本主义社会中的'社会主义细胞'的"、具有基尔特社会主义特征的"基布兹"(Kibbutz,公社)长期处于运转之中。① 但基尔特社会主义销声匿迹不应妨碍我们对其的研究,它仍然有着可以启迪思考的东西。

因此,在今天,柯尔的基尔特社会主义思想仍然值得认真探讨。

## 第二节 柯尔的基尔特社会主义思想

如前所述,柯尔并不是基尔特社会主义的创始者。在1906—1913年,他还只是具有某些自由主义观念的社会主义者,而不是基尔特社会主义者。他改宗基尔特社会主义,经历了一个变化过程。他的基尔特社会主义思想既是时代的产物,又具有自身特色。

### 一、柯尔基尔特社会主义思想的内容

柯尔构建了一个基尔特社会主义政治主张的完整体系,具体涉及他在基尔特社会主义在经济、政治、地域等方面的主张。

主要内容如下:

第一,经济上,基尔特社会主义应以"社会所有、基尔特管理"为基础,按照职能原理组织所有的生产事务。

柯尔和众多社会主义者一样,对私有制持否定态度。他认为,工资制度压制劳动者的创造性,使资本家不劳而获,必须予以废除。在日常劳动中的经济地位差别导致阶级冲突,这对社会有害。"没有实际的经济平等,便不能消除阶级斗争……经济冲突对于每一种社会组织恰当地实行它的职能是严重有害的。"②

当时,柯尔并不笼统地赞成国有制(他后来发展成为对国有制持警惕

---

① 参见林建:《资本主义中的"社会主义细胞":以色列"基布兹"的组织形式、发展原因及其启示》,载《当代世界与社会主义问题》2003年第6期。

② .[英] G. D. H. 柯尔:《社会学说》,李平沤译,北京:商务印书馆1959年版,第96—97页。

态度)。一战前,他就已经认识到国有化的根本缺陷而不赞成把其当做向社会主义过渡的途径。他认为,工会和基尔特所有制即工人控制生产资料的所有制优于有安全措施的国有制(安全措施就是指自治等政治制度以防止出现官僚化和工人阶级政权异化,保障工人阶级利益),后者又优于私有制。① 柯尔主张,为了完成社会改革的任务,在生产方面,"一个全国基尔特将成为某一个具体工业部门或服务业部门的所有脑力劳动者和体力劳动者的联合体,它的职能将是代表整个社团管理那个工业或服务业"②。可以看出,在所有制方面,劳动者自发组成的合作社等社会合作组织所体现的社会所有制,是柯尔推崇的所有制形式。而他不赞成通过行政命令国有化或强制集体化所采取方式实现的公有制。而为了实现经济平等从而保证个体自由,他认为社会所有制优于有安全措施的国有制,有安全措施的国有制优于私有制。

此外,他认为应当实行产业自治,否则,政治民主仅仅是一种伪装。"国家只是经济的统治阶级所使用的附属的政治经济工具。"③

第二,在政治和社会生活方面,基尔特社会主义以基尔特公社为中心。

柯尔认为,旧的政治民主理论"认为一个人可以代表另一个人去实现某一特定目标或一组目标,不是暂时地(ad hoc)而是绝对地代表"④。他主张,政治机关应当缩小以便"消亡掉"⑤(wither away),而新的社会应该建立在职能民主的基础上。在"代表生产者和未来合作运动的基尔特,和代表消费者的集体公用设施委员会在民主工业制度之下合适的关系"⑥

---

① 在古典自由主义者看来,私有制优于没有防范措施的国有制,缺乏防范的国有制使得普通人依附于掌权者,这正是专制、极权的经济基础,也是"通往奴役之路"(哈耶克语)。而私有制,在他们看来是民主政治平等竞争的经济基础,但他们忽视了私有制带来的弊端。实际上,马克思主义经典作家论述的"重建的个人所有制"的社会所有制主张,正是既赞同个人独立的财产权(防范国有制中官僚对个人独立性的侵扰)、又克服私有制带来弊端的一种设想。
② G. D. H. Cole, *Guild Socialism Re-Stated: A Plan for Economic Democracy*, London: L. Parsons, 1920, pp. 46 – 47.
③ 柯尔:《社会学说》,第 95 页。
④ G. D. H. Cole, *Guild socialism Re-stated: A Plan for Economic Democracy*, p. 122.
⑤ G. D. H. Cole, *Guild socialism Re-stated: A Plan for Economic Democracy*, p. 123.
⑥ G. D. H. Cole, *Guild socialism Re-stated: A Plan for Economic Democracy*, pp. 87 – 88.

方面,每个基尔特团体(含委员会、合作社)应该负责某一范围内的社会服务。这些委员会、合作社、基尔特之间保持着密切联系。除生产基尔特组织外,另有几种职能团体:如消费者组织或合作事业委员会;市民服务组织或市民基尔特;公民组织或文化和健康委员会。

柯尔对基尔特公社的具体规划包含以下几个方面。

一是建立基尔特公社以取代国家。公社不是由选民直接选举的代表组成,而是由行会、合作社和委员会委派的代表组成。基尔特公社组织以"地方、甚至以'区(ward)'为基础建立并按同样的原则建立大区一级的组织,最后建立全国性组织"①。具体构成上,每一层级的公社,至少包括下列组织的代表:

1. 产业基尔特,被个体或者基尔特委员会所代表;
2. 合作社委员会;
3. 集体设施委员会;
4. 文化委员会;以及
5. 卫生委员会。

每一种基尔特组织在职能范围内拥有立法和行政功能。除非是公社宪法已赋予的强制力,涉及强制职能的立法,必须经过基尔特公社的批准。②

二是基尔特公社在基尔特社会中应起到调节作用,并履行一些中央政府才具有的公共职能。柯尔主张以基尔特为基础重组整个社会,把国家当成各地公社的"共有物",基尔特公社是基尔特社会主义组织的

---

① 柯尔对地方的重视胜过对全国的重视,这种偏好源于对组织规模庞大会出现官僚化和僵化、失去活力的担心,而柯尔对庞大的组织持不信任态度。See G. D. H. Cole, *Self-government in Industry*, 5th edition, p. 8; also see Luther P. Carpenter, *G. D. H. Cole: An Intellectual Biography*, pp. 269 – 270.

② G. D. H. Cole, *Guild Socialism Re-stated: A Plan for Economic Democracy*, pp. 150 – 151.

"高级形式"①。

柯尔认为，公社大大不同于国家：一方面，公社不再是阶级统治的工具；另一方面，公社不是建立在"无差别的代议制这一虚假理论"的基础上的。② 公社的任务是：协调在较小区域内活动的职能团体使之成为一个较大的社团。柯尔设计把以下五类问题交给公社组织来处理：

(1) 配置地方资源在一定程度上调节价格和收入；
(2) 为各个功能性团体之间的利益冲突充当仲裁法庭；
(3) 决定各种功能团体之间的分界线；
(4) 决定作为乡镇整体的事务；
(5) 执行一个强制性的决策。③

柯尔还认为，"对外的强制手段和对内的强制手段一样，必须掌握在各种职能组织选派的代表组成的负担调节的工作机关（基尔特公社）手中"④。

总之，"基尔特社会的全国调节机制与现代国家有本质的不同……它将具有很少的直接行政职能"⑤。政治领域的职能表现为多党制、国家传统权威的减少和所有劳动组织中的自我管理，这是基尔特社会主义的本质。

三是基尔特社会主义运动的依靠力量：有组织的工人运动。

对于社会的变革，柯尔认为："除非变化的动力有一个以根本的共同的需要为基础的有组织的人群或团体的力量的支持，否则巨大的社会变革是很少发生的，即使发生的话，也是很难维持的。"⑥ 他把基尔特社会主义运动希望寄托在有组织的工人运动上，建设新社会的权力属于那些"最有

---

① [美] 卡尔·兰道尔：《欧洲社会主义思想与运动史：从产业革命到希特勒攫取政权》下卷，北京：商务印书馆1994年版，第579页。
② See G. D. H. Cole, *Guild Socialism Re-stated: A Plan for Economic Democracy*, pp. 121 – 122.
③ See G. D. H. Cole, *Guild Socialism Re-stated: A Plan for Economic Democracy*, pp. 139 – 140.
④ 柯尔：《社会学说》，李平沤译，北京：商务印书馆1959年版，第91页。
⑤ G. D. H. Cole, *Guild Socialism Re-Stated: A Plan for Economic Democracy*, p. 136.
⑥ 柯尔：《社会学说》，李平沤译，北京：商务印书馆1959年版，第130页。

团结的社会组织为依靠的人,这种组织在各种组织中是最适于代替旧秩序和有效地实行重大的社会职能的……由于工人阶级的运动具有像工会主义和合作这样强大的和有目的性的组织,所以让它们来完成它们所秉承的建设社会的任务几乎是确定的了"①。

但是,柯尔也十分强调领袖人物的作用:"我们认识到今天人群的许多毛病是由于人群中的领袖人物未能掌握这些基本的原理"。② 他认为,最好的社会先知和最善于建设的政治家是那些最有判断能力的人。"他们在继续不断兴起的许多新的运动和新的团体中,在不断改良以适应新需要的旧的运动和旧的团体中,能判断哪些组织最能实现整个社会结构中巨大的改革。"③

四是基尔特社会主义的性质:自由基础上的工人民主制度。

柯尔认为,基尔特社会主义:

> 基本上是一种伦理性的学说,而不是唯物主义的理论……基尔特社会主义强调个人自由和集体自由的极端重要性,并且断言必须尽可能使全体人民成为自己生活的主人和日常生活条件的主人。工人需要克服的万恶之端不是贫困,而是奴役和没有保障。工业民主的必要基础是:免于失业恐惧的自由,根据自己的意志进行工作的自由,在自选监工和经理的管理下进行工作的权利,以及使劳动场所摆脱由上面任命……管理人员的权力;没有这些基础,民主政治就只能是一个幌子……"工人管理"必须从基层开始,建立在车间民主和"劳动权"的基础上。④

五是把基尔特社会主义的重心放在地方层面,并注意加强国际联合。

柯尔把国家结构归为三类,即单一制(分权制、集权制),联邦制,

---

① 柯尔:《社会学说》,李平沤译,北京:商务印书馆1959年版,第130—131页。
② 柯尔:《社会学说》,李平沤译,北京:商务印书馆1959年版,第128页。
③ 柯尔:《社会学说》,李平沤译,北京:商务印书馆1959年版,第130页。
④ 柯尔:《社会主义思想史》第三卷上册,何瑞丰译,北京:商务印书馆1981年版,第259页。

以及中央与地方划分职能的混合制,"地方主义"(localism)被他归入混合制。柯尔相信,"在按职能组织的社会中,大部分政治的和经济的行政工作最好'按地区'来做,即是说由介于民族国家和地方当局之间的政治团体和经济团体来做"①。在柯尔看来,地方政府和中央政府的问题不是联邦和分权的问题,而是正确地分配社会职能的问题。他把重心放在地方,称作"地方主义"②。

"地方主义"并不是柯尔的独创,它其实是比较明确地反映了英国传统自治导致的地方主义的传统。英国的地方自治传统是孕育地方主义的温床。从1660年起,英国政府枢密院不再掌控地方事务,地方事务由教区管理,接受地方治安法官的监督。这奠定了英国地方主义的制度基础。英国地方自治以1832年议会改革为界,之前为团体自治阶段,表现在无权的资产阶级通过组建院外游说集团来影响政治,在地方事务上也同样通过团体自治来体现自身的影响。1832年议会改革之后,个人可以单独行使选举权来进行投票,就越来越脱离团体了。团体自治随之走向了居民自治。柯尔的地方主义就是基于这种传统。在日益原子化的个人面对社会变得越来越复杂的时代,柯尔主张在个人自由的基础上实现联合,通过职能团体满足个人的共同需求,使得团体具有相关的职能,这种设想有恢复团体自治的倾向。

在国际上,柯尔设想出一种基于基尔特组织的联合:"一个国际的社会将代表一个职能的社会,它产生于各个国家调节的机关(全国基尔特公社)在组织上的联合。"③ 这是柯尔学说在国际层面上的延伸。

第三,地域上,柯尔对基尔特社会主义的应用范围做了明确限定。

如前所述,柯尔并不认为他设想的这种国际联合是普遍适用的:

> 有些民族和人群与我们自己的民族和人群是如此的不同,以至于我们从自己经验中做出的概括对于他们简直是不适用的,或者加以改

---

① 柯尔:《社会学说》,李平沤译,北京:商务印书馆1959年版,第105页。
② 柯尔:《社会学说》,李平沤译,北京:商务印书馆1959年版,第100页。
③ 柯尔:《社会学说》,李平沤译,北京:商务印书馆1959年版,第91页。

变才能适用。在西欧，构成社会组织的基础的各种条件（心理的和物质的）是同质的，所以凡是具有现实内容的概念都是适用的。但是我迟迟不想把根据西欧的研究和经验而得出的概念应用于俄国，我更不想冒昧地把它们应用到东方的文明。①

由此看来，柯尔对基尔特社会主义制度的设想虽然富有想象力，但在设计和行动上相当谨慎，他甚至对不符合自己设想的全国建筑基尔特有限公司的破产"感到解脱，并且对自己能摆脱在霍布森领导下有中央集权倾向的组织高兴"②。这种理论上的谨慎，也是柯尔思想方面的一种特点。

## 二、柯尔基尔特社会主义的自治特征和理论基础

柯尔在憧憬和参加基尔特社会主义运动的过程中，形成了以自治为核心的基尔特社会主义思想，并通过一些作品阐述了基尔特社会主义思想的理论基础，包括职能民主、多元主义和自由主义等理论基础。

### （一）柯尔基尔特社会主义思想的自治特征

如前所述，柯尔基尔特社会主义是以个体自由为出发点，以职能原理为基础，以基尔特为载体对社会进行重塑的社会主义。从上述论述过程可以明显感觉到，柯尔的基尔特社会主义主张具有明显的自治属性。这一时期，柯尔对代议制持完全排斥的态度，而其民主观就是从个体自由为出发点的自治，这在他的基尔特社会主义思想中得到了充分强调。

第一，柯尔基尔特社会主义的出发点——个体自由，是自治的目的和出发点。由于受威廉·摩里斯的影响，柯尔从自由主义的一侧进入社会主义，而且一直保持着个体自由为出发点的特性。柯尔接受基尔特社会主义思想，正是因为该思想包含了基尔特团体自治的因素，而个体自由正是这种团体自治的出发点。个体自由表现在基尔特社会主义的三大原则中。如

---

① 柯尔：《社会学说》，李平沤译，北京：商务印书馆1959年版，第91、127页。
② Luther P. Carpenter, *G. D. H. Cole: An Intellectual Biography*, Cambridge: Cambridge University Press, 1973, p.106.

前所述，柯尔所主张的个体自由，既有古典自由主义对消极自由的捍卫，也有对"政府负责公民免于饥饿、免于疾病、免于匮乏、免于恐惧"等积极自由的争取。这些消极自由和积极自由是自治得以实现的重要依据：消极自由使得个体自由通过团体得到了表达；积极自由则使得公民和团体在捍卫自身自由方面得到了物质保障，从而摆脱了经济依赖性对自治的干扰。

第二，柯尔基尔特社会主义的理论基础——职能民主理论，是自治的重要理论。柯尔的职能原理以及由此引发出的职能民主理论，是柯尔思想主张中比较独特的部分。职能民主的出发点是个体自由，但是以个体自由联合的方式组成的团体具有个体所没有的优势，比如结社所带来的物质、精神、行动上的聚集效应等。这种聚集效应是对个体自由的保障，有助于个体之间互动、互助、合作并结成伙伴关系，从而避免个体的边缘化乃至原子化。柯尔设想的职能民主理论在反对代议制"全权代表"（认为这种全权代表既不科学也容易成为代表者的专断，从而违背了公民的意志）的基础上，主张由公民个人对具体的职能进行授权，代表也只有职能范围内的代表权限。这从根源上制止了实行"全权代表"的代议制可能出现的违背民意甚至是实施多数人的暴政的弊端。柯尔这种在职能民主基础上形成的结社民主模式，是参与式民主的一种，影响和启发了后世对参与式民主的思考。参与式民主，就是一种在代议制之外，以公民直接参与政府管理、社会治理等领域为方式来实现公民民主权利的民主模式，它使得公民的政治行为打破了传统代议制局限于投票这种单一且消极被动的民主活动，开拓了民主的新领域，从而使得公民对小范围的集体自我管理变得具有一定的可操作性。

第三，柯尔基尔特社会主义的载体——基尔特，是自治的重要载体。基尔特是工人对生产进行民主管理的组织，这其中，高级技工、普通工人、企业行政人员组成产业基尔特，是基尔特社会主义最基本的形式，在产业基尔特的基础上，各行业都组成了类似的团体（有的叫委员会，有的叫基尔特）。柯尔设想这些团体以基尔特为中心，对社会进行重组，从而形成代替资本主义的基尔特社会主义制度。在这个制度设计中，基尔特的自治是所有社会组织的核心和基础，而包含基尔特在内的各个团体共同组成了一个区域的"基尔特公社",这种自由联合的方式,是对自治的诠释,因而具有典型性。

(二)柯尔基尔特社会主义思想的理论基础

柯尔通过各种作品集中阐述了他的基尔特社会主义思想,包括职能民主、基尔特公社等。这些著作除了谈论工联主义(即劳动组合运动)外,大都涉及改造资本主义政治制度、经济模式和社会结构等重大问题。

在《劳动之世界》中,柯尔特别强调,工联主义必须渗透到社会政治经济生活中去,扩大到英国议会政治制度中去,而不能仅仅局限于经济斗争。这本著作被人们看作是继韦伯夫妇《工联主义史》(The History of Trade Unionism)之后第二部阐述工人运动的重要著作。《产业自治》(Self-government in Industry)是柯尔的又一重要论著,它是一本论文集,内容与《劳动之世界》有一定的联系,两书可看作是姊妹篇。《基尔特社会主义:经济民主的计划》(Guild Socialism: A Plan for Economic Democracy)是柯尔全面通俗地阐述基尔特制度的宣传册。《社会学说》(Social Theory)一书是柯尔的重要著作。该书是一本理论性论著,揭露了代议政治的不足,全面阐述了职能原理和职能民主、基尔特组织的国际联合以及基尔特的地方主义等观点。而且,柯尔在该书的最后,十分有自知之明地说出了基尔特社会主义适用的地域范围:西欧。

柯尔主张,应当把"自治"扩大到社会活动各个领域,包括人们在各种社团的职能中,特别是工厂和车间等最基层的生产组织中。他认为这些原理是"新时代最重要的社会思想"[1]。资产阶级议会制度必须进行改革,应该将其代议职能"移交给基尔特组织",这是由于"真正的民主政治不应当在单独的无所不能的议会中去寻求,而应当在各种有调节的职能的代表团体这种制度中去寻求"[2]。

柯尔把整个社会看作是一个互助体。他认为,"每一个发达的人群可

---

[1] [英]G. D. H. 柯尔:《劳动之世界》,第五版序言第18页。
[2] 柯尔:《社会学说》,第70页。

以说都能产生一个有组织的'社会'"①。那种把人群划分为阶级的表现，只是低级社会的特征。如果存在不同的阶级和阶层，各有各的组织系统，那就不但不能合作，反而会互相冲突和敌视，这样的社会虽然存在，但只是低级的。

柯尔这一时期相关的论著还有《战时劳工》②、《铁路工联主义：历史与问题》③、《资本投机与工人对纺织业的控制》④、《工资的支付》⑤、《英联邦劳工研究》⑥、《劳动组合论》⑦、《工业中的混乱与秩序》⑧ 等。

在这些书中，柯尔描述了基尔特社会主义思想的理论基础，从而夯实了基尔特社会主义的哲学基础，主要有三个方面：

第一，个体的自由。

柯尔认为"团体、制度以及整个社会都不过是个人意志的创造物，个人意志是社会组织的基础"，"团体的职能在于力求实现其成员的意志"，社会制度、社会团体的存在应当"以个人的存在、个人的幸福为社会的最终目的"⑨。他认为，团体自由的实质是成员个体的自由，这种自由在法律之外不应受到限制，以实现团体的自主，从而维护个人的权利。"个人的'毫无节制'不能保证个人的自由。团体毫无节制的自由反倒能保证团体真正的自由。在'自由的国家''自由的教会'中所说的自由是属于这个团体或人群成员个人的自由。个人的自由是简单的和对外的，集体的自由既是对外的又是对内的。"⑩

---

① 柯尔：《社会学说》，第16页。
② G. D. H. Cole, *Labor in War Time*, London: G. Bell & Sons, Ltd., 1915.
③ G. D. H. Cole, *Trade Unionism on The Railways : Its History and Problems*, Westminster: Labour research department; London: G. Allen & Unwin, Ltd., 1917.
④ G. D. H. Cole, *Capitalist Speculation and Workers' Control in the Textile Industries*, London: Published for the National Guiles League by the Labour Pub., 1921.
⑤ G. D. H. Cole, *The Payment of Wages*, Westminster: Fabian Research Department; London: G. Allen & Unwin, 1918.
⑥ G. D. H. Cole, *Labour in the Commonwealth*, London : Swarthmore Press, 1918.
⑦ [英] G. D. H. 柯尔：《英国劳动组合论》，胡善恒译，上海：商务印书馆1922年版。
⑧ G. D. H. Cole, *Chaos and Order in Industry*, London : Methuen & Co. Ltd., 1920.
⑨ 柯尔：《社会学说》，出版说明第3页。
⑩ 柯尔：《社会学说》，第115页。

第二，职能原理。

这是柯尔所有主张中最具特色的一点，其理论来源可追溯到古希腊柏拉图时代"以职能原理作为衡量个人行为的伦理原则"①。他从对代议制的质疑开始，阐述了以职能原理为基础的职能民主制，从而构建了自己独特的职能民主理论。

这一理论受到卢梭"公共意志"的深刻影响。与卢梭相似，柯尔认为，人们组成团体的依据不是强制力，而是意志。共同利益或共同意志是社会团体和政治制度建立的基础。他认为，关于社会团体和政治制度的传统观念和看法（即社会团体和政治制度的建立形成于强制力）是错误的；应当以个人的自由意志为出发点来解释人的行为。柯尔认为，代议制是一种错误的学说和制度。

> 民主政治这个思想几乎和代议政府这个思想，或者更确切地说，和这个已完全错误的代表理论为根据的代议政府特殊学说，密切地纠缠在一起了。这个错误的理论是，一个人能"代表"另一个人或许多人，他的意志可以看做是他们意志的民主的表现。……建立在个人可以完全由他人代表的这个思想上代议政治学说，是一种错误的学说，它破坏了个人权利和社会的安宁幸福。职能的代表不会产生这样的缺陷。②

基于上述认识，柯尔对议会政治在代表性方面的不足展开了批评。他认为，现今的议会就是要选一个人在各种事情上代表自己，这是对被代表者智慧的侮辱，终将导致无能的人掌握政权。政治领袖堕落的主要原因是，在国家范围内缺乏真正的职能代表，没有做到使国家职能化。"政治领袖的堕落导致缺乏职能限定的职权倾向于被滥用。"③ 他通过进一步分析认为，代议制不能充分反映选民的意志，而职能民主制则能够消除这一缺陷。他指出，在大多数国家的政治制度中经常有歪曲选民意志的情形，这

---

① 柯尔：《社会学说》，李平沤译，北京：商务印书馆1959年版，出版说明第4页。
② 柯尔：《社会学说》，李平沤译，北京：商务印书馆1959年版，第67、69页。
③ 柯尔：《社会学说》，李平沤译，北京：商务印书馆1959年版，第72页。

并不表明选民愚昧,而是表明代议制这种学说是根本错误的。立法和行政的区分不能作为区分现代社会活动的适当依据。许多条文实际上把立法交给行政者了,模糊了行政与立法界限,如在19世纪后期,实行议行合一的英国就已经出现了内阁专横的局面,而"职能的原理意味着每一种职能团体就是他自己的立法机关和行政机关"①。

在此基础上,柯尔阐述了职能原理的基本观点。他认为,真正的代表像真正的团体一样,总是特殊的和有职能的,绝不是一般的和概括的,因此,应当给每一种职能寻求一种团体和代表;并且应当给每一种团体和代表寻求一种职能。"一个明达的人,将选举不同的人在不同事情上代表自己的愿望。"②

柯尔认为,在基尔特组织中,应当划定职能,"给每个团体、每个制度指定一种为个人服务的功能"③。他论述道,职能原理可以有效地消除有违个人自由的强制。"职能为原则的组织最大效果是直接减少了强制权在社会上的应用,而强制的使用是因为社会的混乱;职能原理则使得社会井井有条,对于强制的需要,很快就会逐渐消失。"④ 他对职能原理的论述分为如下几个方面:

首先,在职能团体的基础上,柯尔认为,职能民主需要扩展到政治领域以外,尤其是经济和产业领域;只承认政治民主而拒绝其他领域的民主是一种矛盾的现象。柯尔尤其主张产业领域的民主与自治。

其次,柯尔认为人们只有通过团体的民主参与,才能养成民主习惯,具备民主技能(这其实是一种政治社会化)。通过工作场所自治的社会化过程,个体从贫穷、不自由、依附性、政治上缺乏效能的人转变为具有自我管理能力、自由和自信的个人。⑤

最后,柯尔认为职能民主是促进人的解放和实现基尔特社会主义的基

---

① 柯尔:《社会学说》,李平沤译,北京:商务印书馆1959年版,第79—81页。
② 柯尔:《社会学说》,李平沤译,北京:商务印书馆1959年版,第69、70页。
③ 柯尔:《社会学说》,李平沤译,北京:商务印书馆1959年版,出版说明第4页。
④ 柯尔:《社会学说》,李平沤译,北京:商务印书馆1959年版,第89页。
⑤ See G. D. H. Cole, *Self-government in Industry*, 5th edition., pp. 120 – 123.

础。出自利益动机的工业民主主要以生产效率为原则,生产效率是工业民主的一个重要指标;但是对个人的自由发展来说,效率原则并不重要,重要的是人们通过在工作场所的自我管理实现自我表达,发挥自身能力,提升创造性,实现人在精神层面的解放。在这个过程中,不自由、依附性、政治上缺乏效能的人转变为具有自我管理能力、自由和自信的个人。职能民主理论主张产业自治,把工作场所看作是个人实现自我表达和人的解放的重要场合,而这种自治的工作场合就是基尔特。柯尔把实行产业自治的基尔特当作真正实现政治民主的基础和条件,并据此更新了基尔特社会主义的理论基础,使得基尔特社会主义的理论基础更加坚实和理性。

这样,柯尔在各种论述中,阐述了基尔特社会主义社会的基本概念:一个以职能原理为原则,以职能民主理论为理论基础,以基尔特这种通过民主与自愿方式结合成的产业自治团体为载体的社会。在基尔特社会主义设想中,柯尔重视发动劳工参与运动,力主强化劳动群众的"职能"意识,他主张把工会成员看作与国会议员、教会修士一样,是国家代议制和行政机关的有机成分。

从这点出发,他认为一战后劳动组合运动的性质应该有所变化,即工会不能仅仅起到运用阶级斗争理论与资本家做斗争的作用,更重要的是担负起劳动者尽责生产和参加社会生活的重大职责,着眼于社会责任。这种对工人参与的重视,使得柯尔在参与式民主领域据有一席之地。因此,柯尔后来和马尔库塞①(Marcuse)、托夫勒②(Toffler)等人被称为"参与式

---

① 赫尔伯特·马尔库塞(1898—1979),德国哲学家、社会学家、政治理论家、法兰克福学派社会批判理论的代表人物之一。他批判资本主义、现代技术、历史唯物主义和娱乐文化,认为它们代表了社会对人民进行控制的新形式。由于这种研究,他在19世纪60到70年代被认为是"新左派"和美、法、德等国学生运动的理论家。他的主要代表作是《爱欲与文明》(1955)、《苏联的马克思主义:一种批判的分析》(1958)、《单向度的人》(1964)。

② 阿尔文·托夫勒,1928年生,美国记者、教授、世界著名未来学家,当今最具影响力的社会思想家之一,他的代表作有《未来的冲击》(1970)、《第三次浪潮》(1980)、《权力的转移》(1990)等。托夫勒与妻子海蒂出版了最新作品《财富的革命》(2006)。其中,《第三次浪潮》将人类发展史划分为第一次浪潮的"农业文明",第二次浪潮的"工业文明"以及第三次浪潮的"信息社会",给历史研究与对未来的思考带来了全新视角。《权力转移》深入而精辟地阐述知识经济的作用,宣告了知识力量的崛起,成为知识经济时代的宣言。

民主的代表人物"①。

第三，多元主义。

如前所述，基尔特社会主义时期的柯尔对代议制持否定态度；在更加广泛的意义上，他对任何可能导致专制和奴役、缺乏个体自由和自主权的"社会化"、集权制都持怀疑和警惕态度（这与后来哈耶克等人的观点比较相似）；柯尔认为，走议会道路的社会民主党和走革命道路的共产党具有共同特征：集权。而他是反对集权的。他希望通过以基尔特为基础的民主自治机构，即产业界、消费者、文化、卫生等领域自治的方式来消除单一的中央集权。从这一点上说，柯尔可在一定程度上归入20世纪世界社会主义中既不同于改良主义的社会主义、也不同于中央集权的社会主义的另一类社会主义流派，即"自治的社会主义者"② 行列，而自治的依据在于多元主义理论。下面的话鲜明地表述了柯尔的这些理念：

> 大部分合作主义者都希望通过消费者和生产者的志愿结合，来逐渐接管社会的经济工作，在国家的干涉减少到最低限度的情况下，管理自己的事务。另一方面，工团主义者认为工会是民主的主要机构；……否则社会化就会导致一个奴隶国家，政客和官僚就会以有名无实的民主的名义，在其中对普通人进行专制统治。无政府主义—共产主义者的侧重点不同，他们希望把权力交给地方性的友好睦邻团体，通过最低限度的官僚机构来管理他们的事务，并将尽可能直接采取行动，而不是像存在大规模社会组织的地方那样非把权力交给代表不可。基尔特社会主义者有别于这两个思想流派，他们非常强调职能组织，认为如果选出的代表担任的是明确而有限的任务，那就是真正的代表制，如果他的责任是起"完人"的作用，并在一切事情上表达

---

① 马尔库塞的体制外参与理论、柯尔的职能民主理论、赫尔德的参与型民主模式、托夫勒的半直接民主理论、奈斯比特的共同参与民主制被认为是参与式民主的代表性思想。参见梁军峰：《中国参与式民主发展研究》，中共中央党校博士论文，2006年，第16—39页。

② 吴铭：《改良、自治、集中：二十世纪国外社会主义的几种类型》，载《当代世界与社会主义》2000年第1期。

其意志，那就不是真正的代表制。所有这些批评议会民主的人，也许除了无政府主义—共产主义者外，都是"多元论者"。他们都不希望建立一个无所不包的国家，而都希望成立各种各样的社会控制机构，分别担当起具体的工作，任何一个机构都没有权力压制其余的机构。

与这些多元论者和自由意志论者不同的是，社会民主党人，无论左翼还是右翼，都主张建立单一的国家主权，他们中大多数还主张中央集权。布尔什维克和主张议会道路的社会民主党人都认为越来越多的中央集权是进步的一个明确无误的特征，并且自认为是资本主义集中和现代国家的中央集权论的必然继承者。①

在此基础上，柯尔论证了基尔特社会主义思想中所倡导的三个基本原则：

（1）自由：最重要的价值原则是人的价值，而社会被认为是按其成员的意愿所结成的一个复杂的联合体。

（2）自治：仅仅得到被统治者消极承认的政府是不够的，公民应该是自己的统治者，社会应该是自我管理的社会。

（3）社会民主：民主不仅运用于政治领域，而且运用到社会活动的每一个领域；现代社会的最大弊病，不是贫穷，而是奴役和不安全。

柯尔认为，"基尔特社会主义者观点的全部精华是这样一种信念：社会应当被组织起来以便给社会中的每一个成员的个人和集体的自我表现以最大可能的机会"，"这意味着积极的自治在社会全部领域的延伸。"② 为了这个目的，全权的国家和全权的议会都不合适。他认为，只有当关系某种特殊目的时，公民才必须选出某些人来代表他的观点。这种职能民主将导致一个没有单一统治者且政治权力分散在各个职能团体中的复合社会，即国家走向消亡的状态。

---

① ［英］G. D. H. 柯尔：《社会主义思想史》第三卷下册，何慕李译，北京：商务印书馆1986年版，第440—441页。

② G. D. H. Cole, *Guild Socialism Re-Stated*: *A Plan for Economic Democracy*, London: L. Parsons, 1920, p. 13.

### 三、柯尔基尔特社会主义思想的产生过程

如前所述,早在上学期间,柯尔在威廉·摩里斯的工人民主论和林赛多元主义论的熏陶下,树立了自由主义、多元主义的政治理念;而主张费边主义的韦伯夫妇在社会主义理论和实践方面对柯尔有着教父般的影响。柯尔从韦伯夫妇那里学到了许多东西,但在受到希莱尔·贝洛克《屈从的国家》①（*The Servile State*）一书中关于"集权不能废除阶级,而只会增加暴政"的观点影响之后,他开始对韦伯夫妇集权主张背后的家长式（Paternalistic）作风和国家主义内容产生了怀疑。

此后,同贝洛克一样,柯尔认为集权制不能废除阶级,只会造就暴政。于是,柯尔不久就开始怀疑韦伯夫妇,从而远离了他们的主张。柯尔这种着重个体自由、强调工会自主性的观点与韦伯夫妇等人的集权主张发生了冲突,这被认为是"'自由'与'官僚制'的代际冲突"②。

在这种情况下,基尔特社会主义作为一种更适合他观念的新思想,与柯尔的观念产生了共鸣,使他进一步离开了费边主义,并影响了柯尔的一生。1913 年,柯尔发表处女作《劳动之世界》,以一个"基尔特社会主义者"的姿态出现,并企图把费边社改造成基尔特社会主义组织。柯尔此举遭到了反对,导致剧烈冲突并遇到了挫折。因此,柯尔愤而退出了费边社执行委员会。到了 1915 年,他和霍布森等人创建了全国基尔特联盟。

霍布森对于柯尔走向基尔特社会主义起过重大的作用。他的一系列文章直接促使柯尔接受了基尔特社会主义。正如柯尔在《劳动之世界》一书中所说,在读了发表在《新时代》上的文章后,他深受影响,不久,"便成了一个虔诚的信徒和最有力的宣传者"③。

除了思想的影响之外,英国工人的实践活动也对柯尔产生了影响。一

---

① H. Belloc, *The Servile State* 3rd edition, London: Constable, 1927.
② See Luther P. Carpenter, *G. D. H. Cole: An Intellectual Biography*, Cambridge: Cambridge University Press, 1973, p. 20.
③ [日] 山田长夫:《基尔特社会主义》,何凤圆译,载《现代外国哲学社会科学文摘》1986 年第 4 期。

战期间,英国以克莱德大罢工①为起点,兴起了一种"车间代表制"的新型劳资谈判制度。车间代表制即由车间工人成立车间代表委员会,由车间代表而不是工会作为全体工人(无论是否工会成员)的代表同雇主直接协商解决劳资冲突。这种形式后来扩展到各行各业,成为当时英国工人保护自身权益并进行劳资谈判的重要形式。②这也给柯尔基尔特社会主义思想以启发,柯尔后来写作有《车间民主》等作品对这种工业自治的形式进行了进一步的论述。

然而,柯尔与霍布森并不完全一致。

霍布森主张保留国家作为"公民主权"的官方代表,行使对基尔特的领导权;把一切行政职能转交给一个"文职基尔特",保留议会,这导致一个结果:议会是最高国家机构,具有召集民间基尔特说明情况的权力,是主权的维护者。同时,拥有生产决策权的基尔特应当在财政上资助政府。③简言之,霍布森的策略,就是以劳方的团结来迫使资方屈服并接受社会化政策,社会化之后,生产交由工人通过基尔特实行民主管理,并废除工资制。其实,这是除保留立法职能这一空壳外,把国家转交给基尔特。

柯尔则是基尔特社会主义"另一派别的杰出代表"④,他反对霍布森的一些观点。"霍布森先生和他的支持者坚决主张对经济及其他领域应有国家统治权……在理论上他们主张国家有无限的权力……实际上他们是想让国家比我们这些渴望对国家的权威在理论范围加以严格限制的人进行少得多的干预。"⑤霍布森主张剥夺国家的一切行政职能,仅仅留下立法职能,以便于实行基尔特自治。柯尔的不同之处在于:他最初并不赞同仅仅保留国家的立法功能并把其他一切职能都交给基尔特,而是主张国家与基尔特

---

① See William Gallacher, *Revolt on the Clyde*, 2nd edition, London: Lawrence & Wishart Ltd., 1978, p. 1.
② 参见李华锋:《英国工党与工会关系研究》,北京:人民出版社2009年版,第64页。
③ See S. G. Hobson, *National Guilds and the State*, London: G. Bell and Sons, 1920, pp. 140-141.
④ [美]卡尔·兰道尔:《欧洲社会主义思想与运动史:从产业革命到希特勒攫取政权》下卷,北京:商务印书馆1994年版,第578页。
⑤ G. D. H. Cole, *Self-government in Industries*, 5th edition, London: G. Bell and Sons, 1920, p. 5.

协调，也就是保留国家在立法以外的其他职能；后来，他转变了想法，设想根据职能原理对社会进行重组，即主张成立由所有的基尔特组织派遣的代表组成基尔特公社，由公社取代政府行使协调职能，使得国家走向"消亡"。

**四、柯尔对基尔特社会主义的反思**

柯尔虽然在激进的基尔特社会主义遇到挫折之后，回到了通过议会实施改革的温和立场，但是基尔特社会主义是柯尔人生中一段难以抹去、他本人也不愿抹去的经历。当基尔特社会主义遇到挫折之后，柯尔虽收起了这一激进主张，在行动上向改良靠拢，但他在思想上始终不忘初心、保持"基尔特人"本色。他也没有完全放弃自己的基尔特社会主义所体现的理念，比如到后来他仍然"保持着自己对基尔特社会主义的信念"①。确实，在柯尔中后期的各种主张，如基础社会主义和超国家的社会主义中，仍然处处可见他在基尔特社会主义思想中所蕴含的基本理念，这是贯穿其一生、有别于其他费边社活动家、理论家的最独特之处。

多年之后，柯尔对基尔特社会主义进行了总结和反思，其中不少十分中肯。

一方面，柯尔总结了基尔特社会主义的特点。他认为，基尔特社会主义主要是一个左翼运动，但它从来都不是一种革命运动：其革命派转向了共产主义，其右翼大多信奉道格拉斯②（Major Douglas）的信贷改革计划；但其最大派别由非共产主义的、对改良主义的议会路线持批判态度的社会主义者组成，这一派认为"'体力和脑力'劳动者能够在国家所有制下接管对工业的经营管理"③。总的来看，基尔特社会主义是主张制度替代但不主张暴力的激进改革运动。

---

① 柯尔：《社会主义思想史》第四卷上册，宋宁等译，北京：商务印书馆1990年版，第433页。
② 梅杰·克利福德·休·道格拉斯（1879—1952），英国工程师和社会信用经济改革运动的先驱。
③ 柯尔：《社会主义思想史》第四卷上册，宋宁等译，北京：商务印书馆1990年版，第433—434页。

另一方面，柯尔指出了基尔特社会主义兴衰的历史必然性。柯尔认为，以多元论为理论立足点的基尔特社会主义，正好在它本身需要出现的时候出现，而后来又走向没落，这都不是单纯的偶然现象：它出现的时候，正好是"提倡社会团体的人从不同角度批判边沁派功利主义的原则概念，批驳黑格尔和马克思的群众集权主义的时候；而它没落的时候，则正好是……战争和革命促使人们从群众权力的角度去考虑社会问题，自由主义概念遭到贬斥的时候"①。这就是说，在柯尔看来，基尔特社会主义借助社会思潮的变迁以及一战的风云际会，才取得了烜赫一时的绚丽光芒；而随着一战后政府对工人让步的终止、对工人活动管控的加强、集权的恢复和加强以及萧条的出现，基尔特社会主义走下坡路并戛然而止，实乃必然。与此同时，自由党走向分裂、衰落，并逐渐由工党取代，正值柯尔所说的"自由主义概念遭到贬斥的时候"。换言之，基尔特社会主义思想及其运动是促成这一过程的重要因素。

总之，在19世纪后半叶，随着资本主义的发展，资本主义早期的社会矛盾有所缓和，英国的情况尤其突出。在这种形势下，社会主义思想与工人运动越来越脱节。面对这种境况，社会主义者从不同的侧面提出了不同的方案，基尔特社会主义是当时影响比较大、后世影响持续存在的一种，柯尔的基尔特社会主义思想则因主张"职能民主"和"基尔特公社"而独具特色。

## 第三节　对柯尔的基尔特社会主义思想的评价

柯尔的基尔特社会主义，既否定了社会民主主义所认同的代议制民主，也否定了"现实社会主义"的过度集权体制。在此基础上，它提供了自治类型社会主义和参与式民主的具体方案，这种主张，对于深入认识和纠正苏联模式的根本弊病、发展注重个体个性以个人自由为基础的社会主义，至今还有一定的积极意义。

---

① 柯尔：《社会主义思想史》第三卷上册，何瑞丰译，北京：商务印书馆1981年版，第261页。

一是柯尔基尔特社会主义的职能民主理论体现了自由基础上的联合。柯尔以个体自由为出发点的职能民主理论和基尔特公社的设想，目的是在团队尤其是产业组织中形成伙伴关系，并通过个人在参与生产活动等团体的活动中实现自我表达。以这种理论为支撑的基尔特社会主义体现了自由基础上的联合。

二是柯尔基尔特社会主义对参与式民主模式具有重要价值。柯尔的基尔特社会主义总是倾向于通过实现人们在工作中的参与来实现自我表达，而自我表达则是民主一个重要环节。这种参与式民主为人们在选举之外拓展了政治活动的空间，从而有助于公民发挥自身的参与积极性，为公民设计了表达美好生活的愿望的渠道，从而有助于形成共识，促进人的自由发展和社会进步。

三是柯尔基尔特社会主义所设想的所有制形式具有一定的理论启发价值。柯尔对未来社会经济方面的设想，正如上文所言，是以"集体所有、基尔特管理"为基础的一套经济运行模式。这实际上也涉及了社会所有制。实际上，柯尔对合作社这种资本主义社会中的社会主义萌芽进行了比较多的关注，而且他推崇这种合作社所体现的社会所有制。同时，他不赞成通过行政命令人为强制进行的国有化或集体化，这种态度对于社会主义经济建设具有一定的启发意义。

总的来说，柯尔的基尔特社会主义提供了自治类型社会主义的具体方案，虽然自产生之时直至现在也没有实现，但是该设想在一定程度上契合了社会主义探索的某种潮流，至今仍具有一定的价值。

但是，柯尔的基尔特社会主义也有其局限性。

第一，难以平衡利益。基尔特内部的利益协调和平衡机制不健全。按照柯尔等基尔特社会主义者的主张，职能团体中的个人享有充分的自由，每个人都可能成为一个中心，这样，在取得共识的过程中，人与人的合作关系完全可能成为交易关系，这种功利性（工具性）在一定程度上导致了基尔特社会主义运动不会像建立在原则性（价值）之上的费边社那样至今运行。

第二，过于抽象。柯尔的基尔特社会主义，一方面在机制设计上过于繁琐、内部矛盾难以调和；另一方面，缺乏对实现的条件和手段的有力分析，因此，被认为具有比较浓厚的乌托邦色彩，被柯尔的传记作家称作"基尔特乌托邦"①（Guild Utopia）。

第三，具有伦理化倾向。柯尔的基尔特社会主义设想立足于人的个性、个体自由（职能原理的基础），理想化地强调自治、平等和参与，把实现社会主义的希望寄托在了人性、理性和道德等精神层面而非经济基础的物质层面，这本身具有强烈的伦理色彩，体现了伦理社会主义的倾向。

正是这些局限，使得基尔特社会主义运动未能转化成现实的社会制度，就在一战前后的大约20年的时间内匆匆而来又匆匆而去。1923年，基尔特社会主义经历了"不经宣告的死亡"，柯尔也"收起了"自己的基尔特主张。之后到大萧条爆发前，他在观念上坚守自己基尔特思想的同时，两次向改良路线靠拢，后又在1926年大罢工和1929年大萧条到来之际两次放弃了这种靠拢。20世纪30年代，柯尔在工党大选失败士气低落之时，领导参与创建了新费边研究局和社会主义咨询与宣传协会。后来他为了反法西斯主义的需要，又把社会主义咨询与宣传协会并入人民阵线运动的组织社会主义联盟之中。直到后来，新费边研究局接管了处于"停滞期"的费边社，柯尔担任费边社执委会主席，才在探索中形成了新的系统主张：基础社会主义。在基础社会主义的主张中，柯尔保留了很多基尔特社会主义的主张，如民主只能保持在小规模范围内（类似于职能民主理论）、以个体自由为出发点等；同时，柯尔根据时代变化进行了思考，加入了新的内容，比如为了更好地实现个体自由，他明确对国有化持警惕态度，从而使他成为西方思想界中较早提出这种主张的人物。

---

① See Luther P. Carpenter, *G. D. H. Cole: An Intellectual Biography*, Cambridge: Cambridge University Press, 1973, p. 34.

# 第三章 基础社会主义

柯尔提出基础社会主义的过程，不是一蹴而就的，而是在对大萧条和二战进行思考的情况下坚持"基尔特原则"所形成的一系列新设想。时代是思想之母，基础社会主义的诞生既体现了时代对柯尔社会主义思想的影响，也反映了柯尔从基尔特社会主义时期以来形成的思维习惯：以个体自由为出发点、以小规模团体为载体的社会主义观念。基础社会主义是以思想自由、机会均等、社会福利、民主等为基础的社会主义。柯尔提出这一套主张的主要背景是大萧条和二战使得资本主义合法性明显降低，社会主义成为人们对战后的普遍向往；同时，在英国二战后的重建过程中避免苏联模式弊端成为社会主义者热心探讨的话题。柯尔提出的基础社会主义主要内容有：公有制不是社会主义的目的而是实现社会主义基础的手段，要民主地实施社会主义计划，限制而不是剥夺不劳而获者并消灭贫困，英国社会主义要保持传统的自由并扩大新的自由，要以"民主"社会主义为旗帜等。柯尔的基础社会主义主张继承了对个体自由的推崇，突破了国有制教条，启发了新修正主义[①]和"第三条道路"，但是它仍具有一定的

---

① 二战后艾德礼政府对英国实行和平变革之后，工党政策未能与时俱进，工党内部关于国有化是否继续深入推进的争论因需要维护执政党外在的团结形象而被搁置，这导致工党在一系列问题上脱离了公众，工党在1951年、1955年、1959年连续三次大选失利，诱发工党内部产生了大辩论，辩论的结果之一就是新修正主义的出现。新修正主义的代表人物有克罗斯兰、盖茨克尔等。

伦理色彩。

## 第一节 基础社会主义的含义及其提出的背景

柯尔在基础社会主义设想中提出的社会主义主张,不同于社会民主主义和现实社会主义的社会主义观,反映了柯尔自己对时局变化的独特思考。

### 一、基础社会主义的含义

"基础社会主义"是二战期间柯尔在《费边社会主义》一书中提出的主张。在那本书中,"基础社会主义"的基本含义如下:

二战导致英国将发生很大变化,社会秩序的基础必将重建,其前景是社会主义,而英国社会主义应当具备思想自由,使人人有同等的机会,保证人人享有基本的生活水平、民主的特点,[①]它们是社会主义的基础,具备这些基础的社会主义,就是"基础社会主义"。

柯尔认为,思想自由,使人人有同等的机会,保证人人享有基本的生活水平、民主的特点这些"基础"应当是社会主义的目的;而被现实社会主义和社会民主主义所推崇的公有制,在柯尔看来不是社会主义的目的,

---

(接上页注)

由于新修正主义的众多主张可追溯到柯尔的《费边社会主义》一书(如公有制是社会主义的手段而不是目的、警惕国有制),柯尔的看法被认为是这种新修正主义思潮的源头(参见张志洲:《英国工党社会主义意识形态变迁研究》,北京:社会科学文献出版社2011年版,第86—89页)。柯尔虽然传统上身处工党左翼阵营,却不仅默认了新修正主义,还因"基础社会主义"主张被认为是工党内这种新修正主义思想影响下向民主社会主义变革的先河或鼻祖(参见李华锋:《英国工党政坛沉浮与主导思想的关系研究》,北京:中国社会科学出版社2013年版,第121、123页)。有学者认为,可以把新修正主义的源头追溯到20世纪30年代由柯尔牵头成立的工党智囊机构:新费边研究局。正是新费边研究局的成员们提出了一系列与"社会主义等于公有制"这种正统不相符的思想(参见张志洲:《英国工党社会主义意识形态变迁研究》,第135页)。其中的代表者前期有柯尔、道尔顿、莫里森、德宾,后期有克罗斯兰、盖茨克尔等人,而20世纪30年代以柯尔为代表的新费边研究局的思想主张是20世纪50年代新修正主义的一大源头。而盖茨克尔是柯尔的学生,1955年工党大选失败后,盖茨克尔主张新修正主义,又担任了工党领袖和影子内阁首相,被认为是新修正主义派的代表。由于他地位突出,新修正主义的支持者也被称作盖茨克尔派。

① 参见柯尔:《费边社会主义》,第22—24页。

只是实现社会主义基础的手段。此外，柯尔从保护个体自由的立场出发，明确表达了对国有制的警惕态度。

## 二、基础社会主义提出的背景

大萧条爆发后，面对工党在"麦克唐纳大叛变"后四分五裂、一盘散沙的局面①，柯尔和艾德礼、贝文等人通过创建新费边研究局（艾德礼是首任主席）和社会主义咨询与宣传协会（贝文任主席）来梳理和研究工党的政策，并在此基础上进行宣传，以非正式方式影响工人阶级、左翼群体、工党成员和工党执委会，并取得了显著的成效。后来，新费边研究局对费边社进行了重组，柯尔在二战期间担任重组后费边社的执行委员会主席并任职于人力资源委员会。通过领导费边社、组织社会重建调查等活动，柯尔的影响达到了他一生政治活动的巅峰。在战争导致许多政治活动都停滞的时候，柯尔和众多知识分子，仍然维持着费边社的活动。在柯尔的领导下，重组后的费边社恪守"自我否定条款"②（self-denying ordinance），因而避免了掺和进工党内部的政治纷争，促进了费边社的复兴。

从个人和群体层面上来说，费边社成员、《新政治家》撰稿人、左翼书籍俱乐部③奠定了当时政治评论的基调。当时，在因战争需要致使公民

---

① 当时，工党除了国民工党（麦克唐纳派）分裂出去之外，对工党官方执行"没有麦克唐纳的麦克唐纳主义"路线不满的独立工党、倾向于法西斯主义的新党（摩兹利派）也分裂了出去。工党的分裂和选民对工党分裂后初期左倾化的疑虑、工党自身两次不成功的执政经历，以及过分恐共而在反法西斯使命到来之时，拒绝与英国共产党等潜在政治盟友合作并限制和取缔人民阵线运动的组织机构社会主义联盟，都使得工党进退失据、长期在野。

② 自我否定条款是新费边研究局和重组后的费边社采纳的新规则。内容是：任何具有政治性质、表示一种意见或要求行动的决议，不能以此社的名义提出。关于这一条款，研究者认为，该条款使得费边社兼容并蓄，避免了无谓的纷争与分裂，促进了费边社迅速复兴，并间接促成了费边社第三次巅峰时期（前两次分别是1889—1896年、1906—1914年）。参见张明贵：《费边社会主义思想》，台北：五南图书出版公司2003年版，第37、第39、第49页。

③ 左翼书籍俱乐部是一个出版群体，它在1936—1948年对英国社会主义产生了强烈的影响，并且因帮助工党1945年获得压倒性的胜利而声名鹊起。该俱乐部由维克多·格兰治发起。它每月出版一次其成员的书目汇总和获得主要政治杂志身份的新闻刊物。它也召开年度大会，巅峰的时候会员达到5.7万人。在《苏德互不侵犯条约》签订后，它开除了自己的共产党成员，这导致了其规模相应变小。但它一直运转，并在2002年成立了一家出版公司，2006年开始网上活动。

自由权受到侵犯、社会服务水平下降时，他们仍然对政府的政策进行了批评。柯尔曾认为，"人民的主体知道政府中有社会主义者，但工党的存在几乎被遗忘了"。① 在这种情势下，大量的思想与宣传任务落在了工党积极分子和非正式领导者柯尔等人的肩上。

以柯尔、拉斯基、金斯利·马丁和斯特雷奇（Strachey）为代表，② 新费边研究局、社会主义联盟、重组的费边社和左翼书籍俱乐部的积极分子进行了长达十五年的研究与宣传，培养了政治上的新一代。这些促成了人们由"面对政府干预时捍卫消极自由"到"政府在积极自由方面可以有所作为"的思想转变。新一代的选民和政治家，在自己的权利方面产生了各种激进观点；而柯尔和其他工党知识分子在塑造这些激进观点的过程中承担了更多的责任。

当时，大萧条和二战暴露了资本主义的弊端，人们普遍怀疑资本主义的合理性。这种形势下，费边社对社会主义的宣传起到了重大作用，社会主义受信任的程度大大提高。例如：英国在二战后的第一次大选，人们就以压倒性的多数选择了工党上台执政，而不是二战中的风云人物丘吉尔所代表的保守党。

西方民众和知识分子虽然对苏联中央集权政治制度和中央指令性社会主义计划经济表现出疑虑或恐惧，但是社会民主主义者不赞同苏联模式却没有清晰的目标，因此，西方国家工人运动的左翼人士在这种形势下设计出了多种包含西方传统价值观的社会主义方案。柯尔的"基础社会主义"

---

① 柯尔：《费边社会主义》，第16页。这种看法反映了左翼的忧虑，但艾德礼的想法更接近工党官方循序渐进的温和政策，"我必须在实际的基础上论证我们的纲领"。See Kenneth Harris, *Attlee*, London: Weidendeld and Nicolson, 1983, p.254. 虽然左翼激进，但事实也证明，正是艾德礼与左翼在福利国家、制度替代、民主方式、自由传统、国际合作一系列方面的党内共识，主导了工党20世纪40年代的发展方向，对二战后三十年英国社会变革发挥了决定性影响。

② 艾弗林·约翰·圣里奥·斯特雷奇（1901—1963），英国工党政治家、作家。1923年加入工党，他曾担任奥斯瓦尔德·摩兹利在国会的私人秘书。1931年，他为了支持摩兹利的政党（新党）而退出了工党。随着新党转向法西斯主义，他退出了新党转而支持共产党，并作为独立人士参加竞选。1936年，他协助维克多·格兰治筹建左翼书籍俱乐部。此外，作为《即将到来的斗争》一书的作者，斯特雷奇成为20世纪30年代书籍被广泛阅读的马克思主义理论家。他在1940年与英国共产党断绝了关系，1943年重新加入工党，1951年任战争部国务秘书、陆军大臣。

就是其中的一种。

此外，在二战期间，英国受到凯恩斯主义的影响，对战时经济进行进行调节，实施了生产资料、人力资源等方面的控制，如柯尔曾供职于隶属于劳动部的人力资源委员会。这些调节措施，使得柯尔萌生了在二战后通过英国重建强化这些措施实现社会主义变革的主张。柯尔的"基础社会主义"就是对二战后英国在重建过程中实现社会主义的设想。

在这样的条件下，柯尔在二战期间提出了"基础社会主义"。

## 第二节　基础社会主义的主要内容

柯尔在《费边社会主义》一书中阐发了基础社会主义的内涵，涉及公有制①的工具性、社会主义计划的民主实施、收入差异、英国的自由传统和以"民主"社会主义为旗帜。

### 一、公有制只是实现社会主义基础的手段，而非目的

第一，为了实现经济平等、克服经济依赖性对民主的限制，公有制是必要的。柯尔认为，有两点理由：一是私有制条件下，各产业由于追逐利润为先，社会效益居于次要地位，这导致生产领域既未能给生产者公平待遇，也未能给消费者公平待遇（由于利润导向导致消费者付出与所得不匹配）；二是私有制赋予私有者太多的权力，从而使他们有运用这种权力危害社会的机会。如报纸等被垄断力量控制，成为富人声音的传声筒。以利润、效率为最大需求，而不是以需要为需求的资本主义现代经济出现了问题，而进步的自由党人仅仅主张把个别工业进行社会化，这难以解决资本主义现代经济的整体问题。"根本的病症在于，工业作为一个整体来说不

---

① 本章所提到的公有制，与社会所有制是同义词，相应地，公有制改造和（所有制方面的）社会化、社会主义化是同义词，但是，柯尔本人更倾向于劳动者自发成立的合作社等合作组织实行的社会所有制，不赞成通过行政强制甚至暴力手段所实行的国有化和集体化运动。柯尔对公有制谨慎地赞同，把它当作实现社会主义基础的手段而非社会主义的目的；但柯尔对国有制持警惕态度（国有制会增加官僚的权力，限制个体自由）。

是按需要生产，也不是按其生产能力生产，而是一味屈从于它的占有者攫取最大利润的需要"，"这就是我们不得不医治的病症"，"而我们医治的方法不是仅仅把少数几个办得特别不好的工业转为公众管理就算了"。① 因此，柯尔认为，需要实行大规模的社会化才能避免利润、效率原则给现代经济带来的问题。

第二，社会化所涉及的部门主要是一些关键部门，而这些关键部门的社会化会带动整个经济的社会化。在这里，社会化与社会主义化、公有制改造（含国有化）是同义词。柯尔认为，在经济领域，像在战争领域一样，某些位置具有特别重要的战略意义。掌握了这些位置的一方就掌握了整个局势的关键。银行、燃料和电力、运输业和生产基本资料、耐用资本货物的重工业以及军备生产或半军备生产，"这些部门直接纳入国家所有和国家的管理之下，其余部门的处理便是相当简单的事了"②。此外，柯尔也看重土地的重要性，他认为土地"在战争结束之前就应当实行社会主义化"③。上述看法和时任工党领袖艾德礼的看法不谋而合，从而有一定的代表性。艾德礼认为，生产资料的私人所有制产生了种种罪恶，补救的方法便是公共所有制。④ 但柯尔进一步认为，社会主义意味着社会主义基础的实现而不仅仅是社会化。

第三，传统上被共产党和社会民主党所奉为社会主义标志的公有制，在柯尔看来，只是实现社会主义基础的手段。

虽然柯尔重视上述公有制（含国有制），并上升到了社会主义纲领的地位，但是，柯尔并没有教条地把公有制当作衡量社会主义的标准，"不需要做的是这样危险的事：仅仅为了社会化而使每样事情都社会主义化"。"你将注意到，很多人想象的社会主义基本原则，也就是生产资料、分配和交换应当由全体人民共同拥有的原则，这里一字未提。"⑤ 柯尔认为，没

---

① 柯尔：《费边社会主义》，第33页。
② 柯尔：《费边社会主义》，第51页。
③ 柯尔：《费边社会主义》，第52页。
④ 参见［英］C.R.艾德礼：《工党的展望》，吴德芬译，北京：商务印书馆1961年版，第6页。
⑤ 柯尔：《费边社会主义》，第53、24页。

有提到它是因为公有制本身并不是社会主义的目的,而是实现上述目的的手段。可见,柯尔对公有制(含国有制)抱以工具论而非目的论的态度。

柯尔进一步指出,社会主义的标志不是公有制,而是社会主义的基础,公有制只是有助于实现社会主义基础的手段而非目的,而社会主义基础的实现才是社会主义的实现。

> 整个社会应当拥有生产资料这一命题,没有绝对的效力。的确,我完全能够设想出这一命题不适用的各种社会,同时我认为很难设想一个社会应当这样拥有全部生产资料。然而,我设想不出一个社会不应该尽力给它的全体成员以同等的机会、有保证的基本生活和尽可能多的民主自由。①

柯尔强调,社会主义的基础才是目的,是所有正派的人应当一直期望和试图促进的目的。生产资料公有制只是实现这些目的的一种手段,主要适合于当时的社会,但它并不是不管时间和地点,在任何意义上对任何社会都有道义的必要性。

### 二、以民主为前提的社会主义计划

第一,社会化决定了必须实行经济计划,实施计划才能避免利润动机导致的经济社会问题。

柯尔认为,一个良好的经济制度,第一原则是,应当使用一切可用的人力资源,使之按天赋劳动,直到人们宁愿享受更多的空闲时间而不愿占有更多的物质财富。然而,在资本主义这种以利润为决定因素的生产中,这一原则难以贯彻,因此,需要废除利润动机或者把利润动机放到从属地位。而废除利润动机后,代之而起的,应当是计划,即"集体负责任地决定怎样使用可用的人力与生产工具"②。

---

① 柯尔:《费边社会主义》,第24页。
② 柯尔:《费边社会主义》,第33页。

虽然利润动机导致了社会问题，但是，柯尔并不把责任归咎于资本家，而认为是根本的社会制度有问题。"不是在责备那些操纵垄断资本的人……这个制度是根本上错的，需要完全改革。"① 对此，针对大部分经济学家认为的排除利润动机刺激难以促进生产的观点，柯尔以苏联为例指出，苏联排除利润动机的体制，并没有崩溃，即使苏联犯的错误也证明了该体制的力量。柯尔认为，计划可以排除利润动机的作用，或者把利润动机降到次要地位。②

第二，计划本身的规律决定了应当适当地集中。

柯尔认为，1940年敦刻尔克大撤退之后，战争需要使得军需增加，这使得工人和雇主共同加班的情况不时出现，但是这背后仍然没有计划，这种状态容易导致疲惫，并不能长久。而有效的计划仍然由于各种原因而遭到拖延且并未执行，其中，最大的原因是：任何一个有效计划所受到的私人干扰，甚至比丘吉尔政府准备坚持的要大得多。为了满足战争需求和市场需求，有必要对一部分工业和商业进行合理化和"集中化"。大量的混乱是有意拒绝把国家组织起来进行战争的结果，战争使得整个国家极权主义化。而没有一个英国人喜欢按照极权主义的路线被组织起来。③ 但是，计划是必要的，而且英国具备这个基础：人的素质。④

在此基础上，柯尔进一步认为，为了使计划有序，必须设置一些在经济权限方面稍微集中的机构。一个人员配备得很好、没有行政权力但有全权检查整个工业的计划委员会，是新经济秩序必须设置的一个机构。⑤

第三，应当民主地实施社会主义计划。

柯尔认为，在重建过程中机会巨大，其中隐藏的危险也巨大。危险来自于下述方式进行的计划，即计划不依靠来自人民并通过民主程序产生的意见，而依靠意欲控制多数人的少数人来制定。⑥ 这种少数人制定的计划

---

① 柯尔：《费边社会主义》，第34页。
② 参见柯尔：《费边社会主义》，第37—38页。
③ 柯尔：《费边社会主义》，第44—45页。
④ 参见柯尔：《费边社会主义》，第23页。
⑤ 参见柯尔：《费边社会主义》，第56页。
⑥ 参见柯尔：《费边社会主义》，第16页。

正是苏联计划体制所产生的教训。为了避免这种教训再次发生，需要对计划进行协调，目的是分散责任，而不是集中责任。负责计划和贯彻计划的人越多，其民主基础就越能得到保证。

他认为，如果我们考虑把计划放在行政部门手中，"那将是最应当制止的想法，因为从垄断组织的罗网中逃出来而陷入官僚机构的罗网将不会有大的增益"[①]。而英国的一般行政人员更不利于计划的开展和管理。一方面他们往往墨守成规。这些行政人员习惯于把政策的每一件事都分割成一小块一小块，以致要是没有大量单独的决议，就不能有较大的变化。另一方面他们总是谨小慎微，因为他们通常大都是为了一个固定的和有规律的工作才成为公务员的。"通常的高级公务员以自己是一个'可靠'的人而自豪，但这样的'可靠'不是建设新的工业秩序所最需要的品质。"[②] 墨守成规和谨小慎微会使得官僚机构缺乏计划的民主基础，不利于计划的开展。

对于这种情况，柯尔认为，社会主义化并不解雇原有的公务员，而是把他们变为社会的公仆。新招录的行政人员必须从现在的技术人员和管理人员中产生。同时，计划的业务活动必须摆脱繁琐的政治干涉。计划组织"必须代表工人，因为一个成功的计划的基本部分就是把工业劳动力能够做的和愿意承担的整个工业的任务交给他们做"[③]。

在此基础上，柯尔认为，在社会化的工业中，工人的整个地位将发生根本变化：工人将不再是私人谋取利润的工具，而是为所有人利益劳动的公有事业的合伙人。这个变化虽然为实现工作中的伙伴关系提供了一个很好的机会，但其本身并不足以使工人对工作的态度完全转变。为此，工人必须真正而不仅仅是形式上成为伙伴，并在决定其工作条件时有真正的发言权。要实现这种改变，首要和最明显办法是在每一座工厂中建立劳动委员会、在大厂中附有车间委员会，它们"是管理所必不可缺的部分，应当和定期召开的部门领导人或专家会议一样，对于工厂进行顺利而有效率的

---

① 柯尔：《费边社会主义》，第55页。
② 柯尔：《费边社会主义》，第55页。
③ 柯尔：《费边社会主义》，第56页。

工作是必需的，同时履行的是建设性的职能"①。

柯尔进一步论述道，形势要求整个国家虽然不得不实行计划，但是，必须警惕计划带来权力集中形成的极权主义倾向。②

柯尔指出，在一个有效地以民主方式治理的国家中，"谁将控制政府的问题主要是一个有效地使之倾听人民意见的问题"③。对于计划同样如此，计划听命于垄断资本，会成为法西斯主义；计划听命于公众，则会变成社会主义。

这种观点在英国工党执委会有一定的代表性。无独有偶，二战后领导英国实现社会变革的首相、时任工党领袖的艾德礼持有类似的观点：法西斯主义者和共产主义者相信多数人应当由少数积极的人所统治。他们不相信普通人民有能力管理自己的事务，他们都要为群众的利益而把个人组织起来；而英国的社会主义者主张的变革要由人民自己创造并由人民自己承认。"他们相信每个人的价值，并且设法给予每个人以机会，对构成整体的各种类型的东西有所贡献。新社会必须是许许多多个人愿望的表现。"④

由此可见，柯尔提出的以民主为前提的社会主义计划主张，实际上反映了工党的某些共识。

### 三、消灭贫困，限制收入差距

面对二战中疏散到乡村的城市居民揭示出的令人震惊的贫富差距，柯尔指出了贫困对小孩子乃至数代人的危害。"贫穷的小孩不管是在身体上还是在智力发展上，都比不上不甚贫困的家庭的孩子。"⑤

一方面，柯尔认为，为了消灭贫困，要采取以下几方面的措施。

首先，最重要的事情是消灭失业，或者更富于建设性，使全国人民得到工作权利的机会。"从人类需要的观点出发，任何人在劳动能够增加生

---

① 柯尔：《费边社会主义》，第57页。
② 参见柯尔：《费边社会主义》，第17页。
③ 柯尔：《费边社会主义》，第18页。
④ 艾德礼：《走向社会主义的意志和道路》，第59页。
⑤ 柯尔：《费边社会主义》，第61页。

产时而不能找到工作,都是荒谬的。"①"在资本主义制度下,甚至从社会的观点出发来雇用人时,人们仍会失业","这是资本主义工业的根本缺陷"。② 社会主义计划的目的,应该是安排全体人民为总的利益做有用的东西或有用的服务工作。

二战后,艾德礼政府区域投资法规的出台,实现了充分就业,顺应了这一设想,达到了这一目标。

其次,要提供社会保障,如免费的初等教育、免费或廉价的医疗,为那些从国家得到的补助显然过少的人提供有效的收入、家庭补贴。

> 我们能期望,在我们的时代,保证我们社会的所有成员拥有起码的基本生活水平……我们所能期望的,只是迅速消除我们中间各种形式的贫困,从而使我们的全体人民更加接近于平等的机会并使人民中间的民主精神大大增长。③

二战后,英国的福利国家改革尤其是比万主导的全国卫生保健制度改革实现了这一设想。

最后,在消灭贫困上,不仅要"输血"更要"造血"。柯尔认为,仅仅救济被解雇者是不够的,"应以最大的努力去训练他们从事有用的工作"。④

另一方面,柯尔认为,社会主义意味着废除了不劳而获的收入,而不是把所有的收入都降到和普通人同一水平上。因此,应当"废除百万富翁的控制而又不为没有自由的另一种形式所代替"⑤。他认为,最好不要突然全部剥夺那些习惯于不劳而获的有产者。除非在革命的过程中,否则,全部剥夺会造成不幸,并引起许多不必要的痛苦。他认为,允许有点富裕是

---

① 柯尔:《费边社会主义》,第33页。
② 柯尔:《费边社会主义》,第63页。
③ 柯尔:《费边社会主义》,第25—26页。
④ 柯尔:《费边社会主义》,第75页。
⑤ 柯尔:《费边社会主义》,第32页。

必要的。① 但这并不意味着一切照旧,虽然不能废除不劳而获的收入,但对之进行征税之外(因为"征税是限制收入的一种坏办法"②)的限制是切实可行的。

## 四、坚持自由主义传统并扩大新的自由

柯尔对自由主义的推崇和扩大自由的主张,基于如下原因:

一方面,英国有着自由主义传统。例如艾德礼认为,"在亚洲观念占统治地位的地方,社会主义变成共产主义,而资本主义变成法西斯主义"③;而英国的社会主义是以西欧观念即自由与民主为基础的,"社会主义是人类希望自由的表现"④。柯尔认为,这种自由主义传统应当在未来社会主义中得以延续,即英国的传统导致英国社会主义会建立在英国"特色"(自由主义)之上。变革英国社会需要的是工党的社会主义,而不是苏联式共产主义。

> 我强烈地相信一定的权利和自由的价值,的确存在于大不列颠、斯堪的纳维亚和其他一些西欧国家,而目前不存在于苏联……我痛恨一切极权主义,特别痛恨极权主义那种所有人的想法都应当一致的设想……我重视议会制度,因为它赞成公众言论自由、批评政府的自由、让政府回答它一直在做什么的自由;我希望以这些自由的形式为后盾而建立起来的传统在新时期继续存在。⑤

柯尔认为,社会主义者将把自由主义的真正成就带到新的社会主义秩序中去。这一点为 20 世纪以来社会民主主义的发展所证明。"从某种角度上看,无论是社会民主主义还是社会主义,其思想本源都是对法国大革命后

---

① 参见柯尔:《费边社会主义》,第 60 页。
② 柯尔:《费边社会主义》,第 48 页。
③ 艾德礼:《走向社会主义的意志和道路》,第 57 页。
④ 柯尔:《费边社会主义》,第 49 页。
⑤ 柯尔:《费边社会主义》,第 97 页。

近代自由主义的延续。"① 艾德礼也认为,"在社会主义制度下,男人和女人都将享受更多的自由,而不是更少的自由"②。

另一方面,在柯尔看来,英国有着熟练工人、熟练的技术人员、称职的行政人员,这是英国完全不同于 1917 年的俄国之处。③ 这将使得英国的社会主义更具备自我集体管理的基础,即更具备自由主义和民主的特征。这符合柯尔心目中的社会主义理念:社会经济生活不应当丢弃个人力量的作用,而应在某种公共控制的形式下组织起来。④ 而上述社会保障、计划等措施,在柯尔看来,不是为了"模仿俄国人,而是为了搞出一条走向平等社会的我们自己的道路,这个社会将在我们自己的自由主义传统基础上设计出一种新的社会准则"⑤。柯尔认为,正是上述特点,将导致英国社会主义更具有公众控制和自我管理的特征:英国的自由主义传统文化以及与之相契合的成熟民主制度保障了民众对政府的公共控制,而启蒙思想深入大众使得英国人普遍具有高素质足以实现集体自我管理。

### 五、以"民主"社会主义为旗帜

柯尔认为,英国有着纳粹德国或法西斯意大利所没有的非常重要的民主因素,因此,应把社会主义作为民主路线上着手重建英国的最起码的基础。⑥ 受此影响,柯尔在《费边社会主义》一书的末尾以"除了民主社会主义的旗帜,再也没有任何我们能满怀胜利地希望在它下面团结起来的旗帜了"⑦ 作为全书的最后一句话,对"民主社会主义"进行了倡导。但是,他这里所谈的"民主社会主义",并不是 1951 年社会党国际以及 20 世纪 50 年代德国社会民党变革中形成的《哥德斯堡纲领》(1959)所提到的系

---

① 刘成:《英国现代转型与工党重铸》,北京:生活·读书·新知三联书店 2013 年版,第 153 页。
② 艾德礼:《工党的展望》,第 78 页。
③ 参见柯尔:《费边社会主义》,第 23 页。
④ 参见柯尔:《费边社会主义》,第 25 页。
⑤ 柯尔:《费边社会主义》,第 82 页。
⑥ 参见柯尔:《费边社会主义》,第 43 页。
⑦ 柯尔:《费边社会主义》,第 149 页。

统主张，而是对基础社会主义应当遵循的民主理论进行了阐述。

（一）在概念层面，柯尔认为代议制不够民主，主张由人民做主

柯尔指出，希特勒和墨索里尼称英、美两国的政体是"富豪的民主"①，许多社会主义者和激进分子也常常说出这样的看法。持这种看法的社会主义者和激进分子这么说的目的就是要使得英国"成为一个民主国家"②。

第一，英国的民主因素还不够民主。英、美两国成年公民有着普选权，但是这只是民主的自然手段之一，并不能保证民主。③ 因为德国的"元首"（Führer）以及巴尔干等国家许多统治者很容易利用权术让普选权显示出有利于自己的一面。希特勒就是以此推翻了魏玛共和国。④ 而英、美两国的普选权也存在发生类似变异的可能。

第二，民主意味着人民的统治，而不是形式上的投票。英、美两国都有议会，但与纳粹德国的国会存在根本的不同。纳粹德国的国会虽然也开会，但是不通过法律，法律是由希特勒制定的；而当时英国议会下议院不能单独通过法律，需要上议院和国王的通过，虽然在战时国会授权政府进行立法。但是这和纳粹德国把立法权全权委托给政府的国会存在根本的不同。柯尔指出，这里的不同，表面上是"关于选举权和立法权的特定形式的安排"，而真正的情况是，"民主就是民主地工作——以便给人民权力——而不是赋予人民毫无权利内容的权力形式和影子"⑤。

第三，应当实现"人民做主"。柯尔认同民主主义者理解的民主，即应当由人民做主——这就是希腊语"民主"一词的含义。而"人民"这一词汇在不同历史条件下具有不同的含义，在实行代议制的国家主要是选民。而"人民"往往是分成不同类别的，占支配地位的民意取决于真正的权力分配。在一个富有贵族政治传统的国家里，地主的声音是最响亮的；

---

① 柯尔：《费边社会主义》，第104页。
② 柯尔：《费边社会主义》，第104页。
③ 参见柯尔：《费边社会主义》，第105页。
④ 参见柯尔：《费边社会主义》，第105、104页。
⑤ 柯尔：《费边社会主义》，第107页。

并且常常淹没了农民的声音。在工商业比较发达的社会里，金融家、商人和雇主发出最强烈的喧闹声或最有影响的窃窃私语。人民的呼声，要成为民主的声音，必须满足两个条件：一是人民有民主思想；二是存在表达民主愿望的机制。

（二）在基础层面，柯尔主张社会福利摆脱经济依赖性，通过小规模组织来克服巨大性（hugeness）对民主的干扰

第一，经济依赖性限制了民主，必须得到克服。经济依赖性本身包含着大量的不自由，甚至在有言论、结社自由的地方也是在这样。在这样的社会里，民主精神很容易黯然失色。在英美"富豪民主政体"中，少数银行家如果对民选的政府失去信任并想教训它一下，他们便能使千百万人失业；同样，富人由于更多拥有改变不满意之处的力量，从而比穷人更能影响民选政府，而有组织的垄断阶级，人数很少，却能控制全国的媒体、经济命脉甚至是国计民生。这种经济依赖性使得英美"富豪民主政体"受到了社会主义者和激进主义者的质疑。对此，柯尔主张用社会保障（福利）去保证人民群众的经济平等，从而使民主摆脱经济依赖性的干扰。

第二，巨大性是对民主的挑战，而在小规模组织中民主更能扎根。柯尔认为，"巨大性"普遍存在于世界大国之中，而这些国家民众之间全国性的大联合，必然会发展出类似官僚政治的官僚主义。[①] 这种官僚主义是对民主最严峻的挑战，为此，柯尔指出，应当以小规模的组织来克服这种巨大性，因为在小规模的团体中，每个人对旁人的容貌和内心都很熟悉，或者至少只要愿意就能够熟悉，并可在这样的小社会中争取自身的权利，从而使得自身利益得到充分表达。例如，柯尔主张，地方政府的基础应当是小而互为邻居的居民组成的居民小组，他们有为小组共同目的服务的小规模市民中心。[②] 这个中心应当既是俱乐部又是集会大厅，应当有人能够帮助成员解决生活中的烦恼，既是儿童中心也是成年人中心，应附设有公益性的托儿所及成年人活动中心。并且应当鼓励这种小型的社会联合组织

---

[①] 柯尔：《费边社会主义》，第114页。
[②] 柯尔：《费边社会主义》，第123页。

中的全体居民把这个市民中心当作集体活动的中心,它不仅是高层级政府的基层组织,更是"表现市民精神的一种手段"①,即类似于教堂对于宗教思想的倡导那样,市民中心将是使居民习惯民主处理大小事务的场所。

(三)在操作层面,柯尔主张民主精神熏陶下参与式民主管理,从而形成民主新秩序

上文提及,柯尔认为,要实现"人民做主"的民主,必须满足两个条件:一是民主精神;二是民主的机制。

第一,培养民主精神。柯尔认为,必须在小规模组织(如市民中心)的基础上建立民主,这样才能成功地把民主完全纳入新的社会结构中。如果做不到,可能会妨碍民主在政治秩序中找到自己的表现方式或者妨碍民主所起的作用,国家丧失了民主就会使得国家"成为追求私利者、空头政治家、官僚和自命不凡的小官吏以及既得利益集团(垄断资产阶级)以及各种掠夺成性的阴谋家为所欲为的狩猎场"②。为了避免这种现象,柯尔主张培养普通人的民主精神,使之成为公民处理大小事务的习惯。柯尔认为要培养民主精神,需要做到以下三点:一是坚持通过举行会议、传播文学作品,并和邻居及工作伙伴详细讨论重大问题,即把政治活动在公民日常生活中体现出来,而不是"把政治放在冷藏库"③;二是让公众了解各种事实,并把舆论集中于政府决策的错误方面,以便督促政府改正错误;三是从小事做起,以民主方式组织各种活动保证公民之间相互鼓励,通过形成伙伴关系来促进民主,并通过小事形成的民主精神来促进大事在落实时也体现民主精神。

第二,形成民众参与的民主管理机制,促进民主新秩序。在培养民主精神的基础上,人们参与大小事务的管理,体现了良好的政府管理(即善治),这不是由于全部权力都应归于选出的最好的人(代议制普选),而是因为良好的政府管理存在于"精明而又勇敢的地方行政官员和积极而又友

---

① 柯尔:《费边社会主义》,第123页。
② 柯尔:《费边社会主义》,第123页。
③ 柯尔:《费边社会主义》,第124页。

好的主要公民之间的合作"①。要形成善治，必须实现工业内部的民主管理，其参加者包括技术人员、行政人员和高级熟练技工和非熟练工人，②工厂民主管理的具体载体有这几方面的人组成的劳动委员会或生产委员会和车间工会。前者是整个工厂的民主管理机构，后者是车间的民主管理机构。柯尔认为，这是在公有制和私人企业中防止官僚主义的最好办法，③并且这种民主管理可以为开展一个富有生气的负责任的社会民主运动奠基。这也是社会主义者在工会里面与工会进行合作的目的，柯尔把这种社会主义者与工会合作推动企业进行民主管理的主张，称作新工联主义。④

## 第三节 对柯尔的基础社会主义思想的评价

柯尔的基础社会主义坚持和发展了其原有观念（个体自由为出发点，对国有制持警惕态度），将社会主义立足于社会主义的基础，强调机会平等，把公有制当作实现社会主义的手段而非目的，把以合作社为代表的社会所有制当作向社会主义过渡的重要途径，并强调工人自治的重要性。

第一，坚持和发展了基尔特社会主义的核心理念（个体自由为出发点，对国有制持警惕态度）。

一是坚持个体自由为出发点的理念，实际上延续了英国的传统。柯尔把自由这一英国传统价值的核心融合进了社会主义之中，使基础社会主义呈现出鲜明的英国特色。一方面，柯尔为了避免贫困对实现个体自由的阻碍而提倡积极自由；另一方面，柯尔为避免人被奴役而对国有制及其可能导致的"利维坦"国家持警惕态度，从而体现了柯尔对消极自由的支持。而在消极自由和积极自由之间如何把握平衡是一种高超的政治艺术。基础

---

① 柯尔：《费边社会主义》，第124页。
② 柯尔：《费边社会主义》，第143页。
③ 柯尔：《费边社会主义》，第143页。
④ 柯尔：《费边社会主义》，第142页。

社会主义、新修正主义、第三条道路正是这方面一脉相承的探索。

二是有关社会保障的论述与艾德礼政府的政策、《贝弗利奇报告》有许多相似之处,反映了英国工党内部以及工党与"进步的自由党"之间存在的诸多共识。柯尔论述的社会保险政策和《贝弗里奇报告》(1942)存在许多相似之处,① 而且比后者早一年(1941)写成。艾德礼政府的社会福利政策并不是对《贝弗里奇报告》的简单照搬,而是工党和费边社长期政策的体现。② 艾德礼等人把社会主义等同于国有化存在教条倾向。在破除该教条方面,工党比德国社会民主党慢了几十年,英国工党关于党章第四条争议持续了将近半个世纪(1951—1995)。柯尔主张机会平等,对国有制持警惕态度,是对该教条较早的突破。而他早在1941年就看到了国有化的弊端,并通过论述表示警惕,具有前瞻性。因此,他被认为开"第三条道路"的先河或被称作新修正主义的鼻祖。③

三是坚持产业自治,延续了自基尔特社会主义时期开始的关于产业组织方面的主张。他认为,只有经济领域实现了个体的自由,才能实现整个社会中个体的自由,从而为实现人的自我表达和自我解放奠定基础。而产业自治,在柯尔看来,正是在经济领域实现个体自由的一种表现形式。

第二,把社会主义的目的从所有制转移到了社会主义的基础尤其是机会平等上。柯尔态度鲜明地指出,公有制只是手段,目的是实现社会主义的基础,这种对公有制的审慎态度尤其是对国有制持警惕态度,后来被工党内的新修正主义派别所延续。这种所有制方面的主张,正是20世纪90年代"第三条道路"体现的内容。这种主张的出发点是防止国有制对个人自由的破坏,这从侧面反映了柯尔社会主义思想前后的内在一致性:从基尔特社会主义时期直到晚年,柯尔社会主义思想的一个重要出发点是实现

---

① 参见柯尔:《费边社会主义》,出版说明第ⅱ页。
② 《贝弗里奇报告》虽然启发了工党的福利政策,但是两者仍然存在一些差别,如贝弗里奇反对工党主张的国有化和经济计划,这些差别反映了工党与贝弗利奇、凯恩斯等进步自由党人不同的政策。
③ 参见李华锋:《英国工党政坛沉浮与主导思想的关系研究》,北京:中国社会科学出版社2013年版,第121、第123页。

个体的自由。

第三，提出社会主义的所有制：社会所有制。柯尔认为社会化就是实现公有制，也就是公有制改造（含国有化）、社会主义化。但柯尔所倚重的是社会所有制，是依托合作社这一资本主义社会中的社会主义萌芽来体现的①，其中贯穿着参与者的主动性，这不需要也不依赖行政命令，以避免苏联那种行政命令之下的国有化和集体化运动所产生的问题。从这个角度来看，柯尔预想的社会主义，是在合作社等社会所有制组织自然发展壮大基础上瓜熟蒂落的结果（即社会主义革命不会像法国大革命或者政变"会像工业革命"②），而不是依靠暴力强制和行政命令通过剥夺那些剥夺者人为建立起来。

对于上述内容，在此不得不指出的是，柯尔的主张与现实社会主义存在差别是正常现象。柯尔只是一名社会主义者，虽然他也一度自称"马克思主义者"，但他并不完全信仰马克思主义。其思想来源除了马克思主义之外，还有自由主义、空想社会主义等成分。马克思在《哥达纲领批判》中主张从资本主义到共产主义的过渡时期要实行国有制和无产阶级专政，这一思想指导着包含中国在内的各个社会主义国家的社会主义实践。并且，这种状况会一直存在，直到共产主义实现才能实现马克思在《共产党宣言》等名著中论述的自由人的联合体和社会所有制。而柯尔则忽视了从资本主义到共产主义过渡的长期性，直接对公有制持审慎态度、对国有制持警惕态度，这既是他受其所在国英国根深蒂固的自由主义影响的结果，

---

① 曾经很长一段时间，有一种看法认为社会主义萌芽不可能在资本主义内部产生，只能通过革命政权推动建立。实践证明，这其实是一种教条，因为无论是马克思、恩格斯所处时代的资本主义，还是当今的资本主义，都存在合作社等社会所有制性质的组织，这不能不说是社会主义的萌芽。以英国为例，1844 年"罗奇代尔先锋社"（Rochdale Pioneers）正式创立，这是英国历史上第一个成功的消费合作社，标志着合作社运动的新阶段（参见刘成：《英国现代转型与工党重铸》，北京：生活·读书·新知三联书店 2013 年版，第 74 页）。而当代资本主义由于社会合作组织数量较多，社会主义因素不断增强，这被称作"社会资本主义"；而现实社会主义仍然存在很多资本主义因素而被称作"资本社会主义"。参见高放、李景治、蒲国良主编：《科学社会主义的理论与实践》，北京：中国人民大学出版社 2014 年版，第 238—242 页。

② Luther P. Carpenter, *G. D. H. Cole: An Intellectual Biography*, Cambridge: Cambridge University Press, 1973, p. 12.

也是他对马克思主义关于从资本主义到共产主义的过渡时期相关论述进行有意无意忽视的结果。对此，我们必须明确指出。也就是说，柯尔的基础社会主义思想只是适合英国人口味的，具有英国特色的社会主义主张，并非"放之四海而皆准"的真理，这也是用柯尔本人主张的"文化相对主义"对其思想进行的一种剖析。从这个角度来看，柯尔远非马克思那样具有深邃眼光的千年思想家，而是具有明显时代局限性和阶级局限性的工党理论家。

# 第四章　超国家社会主义

如果说基础社会主义是柯尔面对大萧条和二战造成的困难在国内重建方面所提出的设想，那么，超国家社会主义就是柯尔为应对上述挑战在国际层面所设计的方案。因为柯尔已经意识到，在全球化的时代，仅仅一个国家是难以彻底阻止资本主义的统治并成功建设社会主义的。这一点与马克思、列宁和托洛茨基等人"世界革命"主张中"不能在单独一个国家单独建成社会主义"的说法存在相似之处。在柯尔看来，垄断资本已经跨越国界，以民族国家为单元的时代已经过去了。为了实现欧洲的重建，限制垄断资本的国际扩张，英国和欧洲其他国家的社会主义者应该一起努力，促成一个超国家的社会主义联合组织。但是，这种跨国界的社会主义，并非要建立一种凌驾于国家之上的巨型中央集权政府，而是要将已非民族国家所能胜任的、具有跨国性质的经济运动加以统一安排和协调，民族国家仍应发挥其应有的作用，承担调节本国的计划、分配以及司法、文化、教育等领域的职责。这一新的社会，仍然应当以公民个体的自由和直接参与为基础，地方的社团活动仍应起到关键作用。

## 第一节　超国家社会主义的含义及其提出的时代背景

长期以来，许多社会主义者都持有全世界无产阶级联合推动社会变革的国际主义的观念，从第一国际到第四国际都体现着这种特征。马克思和列宁都有过这方面的论述，而"苏联"这一不包含任何民族名称的国名命名的初衷更是马克思和列宁这种想法的直接体现。相应地，柯尔的"超国家社会主义"也是其中后期社会主义思想的重要组成部分，它比较集中地在《费边社会主义》的后半部分、《欧洲，俄国与未来》和《世界社会主义》等书中得到了阐述。

## 一、超国家社会主义的含义

柯尔提出的超国家社会主义，是指在二战既破坏了英国、也破坏了欧洲其他国家的情况下，要在二战后避免世界大战重演，除了需要在国内加强社会保障之外，还需要在超国家的层面上加强社会保障，以避免民族之间的仇恨、战败国的萧条、资本国际联合破坏世界平衡、小国对大国的依附和垄断资本主义对生产的束缚，[1] 从而在欧洲范围内组建超国家层面的社会主义机构，以真正防止战争、实现国际主义。

柯尔认为，在欧洲范围内，应当以英国、德国、苏联为领导者在东欧、中欧和西欧建立起各自的社会主义联邦。英国可以实行以个体自由为出发点的社会主义，而苏联和德国的社会主义则依据其民族文化比较适合苏联模式那种"极权"的社会主义。

同时，柯尔在西欧范围内的超国家社会主义中，仍然像在基尔特社会主义和基础社会主义中设想的那样，主张以基层的自治和地方自治为前提来构建超国家的社会主义。

## 二、超国家社会主义提出的时代背景

柯尔提出超国家社会主义，有着一定的时代因素，也体现了柯尔长期以来的思维习惯。

在时代因素方面，大萧条和第二次世界大战改变了世界格局，英、法、德、日走向衰落，二战中壮大起来的美、苏由合作走向对抗（在斯大

---

[1] 参见柯尔：《费边社会主义》，第83—87页。

林"这次大战与此前的战争都不同,谁占领了哪里,谁就可以实行自己的社会制度"想法的作用下,苏联向东欧推广社会主义制度的做法,被西方认为是苏联的扩张,这种"安全困境"使得双方陷入了对抗),两极格局逐渐形成。英国的实力大大下降,已经不可能保持世界主导地位。在这种情况下,艾德礼政府广泛而深刻的社会改革深深影响了欧洲社会民主主义政党,促进了社会市场模式(莱茵模式)形成。局势的变化给柯尔提供了前所未有的国际视野,新的认识和实践使得柯尔对二战后世界范围内的社会主义运动进行了一系列新的思考。

在个人的思考方面,柯尔坚持了自己的思维习惯:个体自由为出发点。

1939年,柯尔写下《战争目标》(War Aims)一文。该文对形势的分析体现了柯尔的远见。虽然二战时柯尔放弃了在一战期间的反战立场,但他在和平主义影响下对战争表现出不情愿的态度,这与共产党直接反战的立场大不相同。柯尔认为,敦刻尔克大撤退后的困难在于英国将单独对法西斯国家作战,其结果会是:英国和德国相互毁灭,直到"剩下的斯大林以他喜欢的方式统治西欧和中欧被摧毁的文明"[1],"纳粹和西欧的'民主国家'会从事一场相互灭绝的战争,从而让中立的苏联独自屹立在欧洲文明的废墟上,并因此使其能够把自己的条件强加于精疲力竭的邻国"[2],这是柯尔所不愿意看到的局面。

在这种认识的基础上,柯尔设想了以下几个方面的战争目标:一是通过设计未来的欧洲社会主义联邦,让英国本身能够对一个新的欧洲社会主义联邦承担责任,并决定战后的世界格局;二是新的欧洲联邦将整合一定的经济服务,并为降低关税壁垒和发展经济提供有序的基础;三是欧洲国家把他们的殖民地合在一起,并尽可能多地使这些殖民地独立。艾德礼在二战爆发后曾出任战时内阁的战争目标委员会主席,柯尔在《战争目标》一文中注意到的问题在该委员会的工作中得到了回应。

---

[1] G. D. H. Cole, "War Aims," *New Statesman* Pamphlet, 1939, p. 13. from Luther P. Carpenter, *G. D. H. Cole: An Intellectual Biography*, p. 195.

[2] 柯尔:《费边社会主义》,第95页。

二战爆发之初，柯尔等人一度设想：二战后，一个不同于仅限欧洲内部合作，而是与苏联关系更密切的世界形势可能会重塑英国的外交关系。柯尔主张欧洲分为三个实行经济计划的联邦，即由社会主义的英国、德国、苏联分别领导位于西欧、中欧、东欧社会主义国家联邦（但实践证明，二战后英国、德国没有成为社会主义国家，而且苏联体制逐渐僵化、瓦解，故柯尔的这些估计过于乐观）。

二战中，柯尔由于担任费边社执委会主席而成为了工党重要的理论家、宣传家，也是工党内非正式的领导人。1946年4月，他敦促工党政府把注意力集中在西欧经济一体化方面，并认为苏联也应实行这样的政策，以避免两极对立，这显示了柯尔的国际主义新立场。而这方面的表述，集中在其《欧洲、俄国与未来》和《世界社会主义重述》等著作中。

## 第二节 超国家社会主义的主要内容

二战期间，作为欧洲重建计划的部分内容，柯尔建议英国社会主义者和欧洲其他社会主义者一道建立一个欧洲超国家的社会主义联合组织。柯尔认为，二战使得重建工作比大多数社会主义者过去所想象的更宏大，并且创建一个范围更广泛的国际社会主义秩序的机会将随之出现。[1]

### 一、超国家社会主义设想的必要性

为了限制垄断资本的国际扩张和防止世界大战在欧洲重演，柯尔提出超国家社会主义作为欧洲重建的部分内容。

（一）限制垄断资本

柯尔认为，垄断资本主义不再按国界进行划分。国际资本从一个国家到另一个国家的流动将造成国际垄断资本主义精英对全世界的统治，"结果是工业领域保持高失业率……且农民一直处于悲惨的贫困状态"[2]。因

---

[1] 参见柯尔：《费边社会主义》，第42页。
[2] G. D. H. Cole, *Europe, Russia and the Future*, New York: Macmillan, 1942, pp.55–56.

此，柯尔认为，欧洲人民只有两个选择：要么是垄断资本主义的统治，要么是限制垄断资本的经济政策，即对资本进行联合的政治控制。后者是柯尔所提倡的超国家社会主义的应有之意。

柯尔虽然仍然像大萧条之时主张社会主义计划的民主化，但他在这一时期呼吁的是欧洲层面的计划。这是因为，在柯尔看来，民族国家作为经济单元已经过时，欧洲"将不得不在经济上像苏联那样进行统一，并完全服从于一个共同的计划"。新秩序"将不得不在巨大的范围内建立，因为生活之外各领域的技术进步把巨大性强加给了人们"①。他认为，就像中世纪的地方主义一样，"民族主义正在阻碍科学本身已经做到的在认识和控制自然资源方面更广泛的要求"②。

（二）防止战争

柯尔认为，一个欧洲社会主义政府将减少战争发生的机会。不建立国际政府（超国家层面的联合机构），就无法建立起能真正防止战争的安全保障。③ 对于柯尔来说，战争的原因，在逻辑上源于经济和心理两个方面。

经济上，帝国主义掠夺导致国与国之间的经济竞争是战争的一个根源。帝国主义对落后地区的经济掠夺，导致竞争在资本主义先进国家之间展开，这些竞争有时会转变为武装冲突，甚至发展成为世界大战。而一个欧洲社会主义政府，就像任何一个社会主义国家一样，将终止对国内外的经济剥削。一个欧洲社会主义政府殖民事务处对殖民地的管理，将不再为了一些资本家的利益，而是为了让殖民地民众走向自主，并帮助他们发展经济，从而终止国家之间的经济竞争。④ 这种对殖民地事务的设想，既是超国家社会主义的重要组成部分，也体现了柯尔的时机未到结构或文化相对主义。⑤

在文化心理上，国家之间相互防范和民族的独立诉求是战争的另一个

---

① G. D. H. Cole, *Europe, Russia and the Future*, p. 209.
② G. D. H. Cole, *Europe, Russia and the Future*, p. 85.
③ 参见柯尔：《费边社会主义》，第93页。
④ See G. D. H. Cole, *Europe, Russia and the Future*, p. 148.
⑤ See A. W. Wright, *G. D. H. Cole and Socialist Democracy*, pp. 250–254.

根源。在民族的独立诉求和国际纠纷中表达出的对身体损害、心理不安的恐惧,导致人们自我武装起来。当然,在现代经济和军事条件下,民族独立诉求并不意味着所有民族都实现独立,而是小国对大国、强国的依赖。一个超国家的社会主义政府,将终止民族独立过程中的冲突,并把族际冲突转化为可以和平解决的政治分歧,① 从而终止军事同盟、军备竞赛和军国主义化。柯尔认为,民族主义的真正利益不在于主权独立,而在于共同完成建立超国家秩序的任务。除非欧洲其他国家能够建立超国家的统治形式,否则像爱尔兰、瑞士这样的国家是没法站立起来的。② 二战之中瑞士被迫与纳粹合作、冷战期间许多小国外交的"芬兰化"就体现了这一点。

二战后初期,法国的舒曼③(Robert Schuman)等政治家已经提议舒曼计划,即创建一个资本主义的超国家组织,并获得了成功。这些组织,尤其是欧洲经济共同体(欧洲共同市场),在经济层面上,使得资本、物品跨国流通更容易,并为投资和市场创造了新的机会,恢复了民众对资本主义未来的信心;这些组织,尤其是欧洲煤钢联营和欧洲原子能联营,在政治层面上使历史上交战的各国和平解决争端。

但是,柯尔在理论上认为这种创造是不可能成功的。理由如下:

从经济上讲,他认为,一个资本主义的欧洲政府仍旧不能为人民提供物质安全。不论政治边界是什么,总产出低于科技允许的产出所导致的生产不足,"在新的垄断形式下已经变成了世界资本主义的特征"④。

从政治上讲,考虑到资本主义普遍的疯狂竞争精神,柯尔认为垄断资产阶级不可能团结一致去确立必要的安排:

> 这将涉及一些大垄断对小垄断的否定,并伴随着公司之间在追求最高利润过程中的大量协作,并且每一个公司都把对方看作世界商业

---

① G. D. H. Cole, *Europe, Russia and the Future*, pp. 122-123.
② 参见柯尔:《费边社会主义》,第88—89页。
③ 罗伯特·舒曼(1886—1963),法国政治家,曾担任法国外交部长。以他名字命名的舒曼计划为欧洲煤钢联营(欧盟的前身)的创建铺平了道路。他曾任欧洲议会首位议长,并和让·莫内一起被称为"欧盟之父"。
④ G. D. H. Cole, *Europe, Russia and the Future*, p. 49.

利益上的竞争对手。只有巨大而无可置疑的超国家权力，才能执行一个有关这些小垄断集团的有序计划；而且，除去上述设想，实际上的超国家将只是垄断本身的一种附属物。除此外别无他途；在垄断资本主义自身倒台之前，只有商业规则控制下的和平（pax mercatoria）。①

由上述两方面来看，柯尔对垄断资本主义条件下的区域一体化持消极态度，这显示了工党左翼对国际垄断资本主义和欧洲一体化的担忧。

## 二、超国家社会主义的组成

当时，许多人设计了各种方案。一些设计者"梦想着把苏维埃社会主义共和国联盟从符拉迪沃斯托克（海参崴）——如果不是从东京——扩展到爱尔兰西部——如果不是到温哥华和旧金山的话"，"一位有学问的设计者甚至写信给《泰晤士报》，建议所有的国家成为英联邦成员，说这无疑是显而易见的解决办法"。② 在这么多形形色色的主张中，哪些国家将会是这些欧洲超国家社会主义的组成部分？

柯尔认为，当然有英国、法国、西欧的小国，如法国的传统盟友荷兰、比利时，以及斯堪的纳维亚国家。"如果德国万一发生了以俄国范例为基础的共产主义革命……也许欧洲西边的国家会淹没在其中"，"荷兰也许会，但我不相信"，"斯堪的纳维亚也许会，但我更不相信"，"法兰西，我觉得一定不会；而大不列颠绝对不会"③。

此外，柯尔想让德国和东欧、南欧国家加入欧洲超国家社会主义之中，但他认为这些国家的历史和社会条件不允许它们如此。"一些苏维埃类型的体制可能更适合它们，正如该体制毫无疑问地适合于苏联一样。"④

柯尔认为，二战后德国将会出现不稳定状态，包括社会主义者在内，因为其传统的政党极端混乱，如魏玛共和国时期。柯尔进一步认为，德国

---

① G. D. H. Cole, *Europe, Russia and the Future*, p. 56.
② 参见柯尔：《费边社会主义》，第94页。
③ 柯尔：《费边社会主义》，第95—95页。
④ G. D. H. Cole, *Europe, Russia and the Future*, p. 184.

也许需要一种强制力量，共和国未必适合德国和普鲁士的民族性格，落后的东欧和南欧国家将会使得议会制政府毫无希望："我确实认为，德国人在气质上比俄国人更极权主义"，"革命和政府的苏维埃形式，也许会是唯一能够扫清东欧和南欧马圈的体制，可能会解决这些贫困国家不幸农民的经济问题"。① 在这一点上，柯尔明确看到了西欧和中欧、东欧政治文化的差别，没有动辄表现出"放之四海而皆准"的理论自负，这展现了西方政党智囊中难能可贵的理性之光。

### 三、超国家社会主义的机制

在超国家社会主义的经济计划机制方面，柯尔的总体主张与他为英国设计的社会主义计划民主化机制很相似。

首先，柯尔划分了超国家机构和国家层面以下政府的经济权限。超国家机构的主要权限有：发展必要的交通和通讯系统②、统一的运输系统③、主要运输手段④；确保充分就业并把最终产品尽可能地按照社会优先性进行分配；通过商船，并通过制定银行和货币规则来控制民族之间和国家之间的贸易。⑤ 除此之外，还涉及共同的经济计划、共同的协调服务机构、协调的动力系统、分阶段消除关税壁垒后建立内部市场、共同的货币、国际化的银行主业、共同的财政计划、超国家的信贷制度、对落后地区进行投资、公共占有制的基本工业与服务设施、超国家管理的重工业以及煤矿、油井、邮政机构等。⑥

其他的经济权限则交由国家和地方层面的政府，如在国家层面上的政府通过计划机制决定产出，分配资源等。

其次，非经济决策将尽可能多地保留在民族国家层面。柯尔希望每个民族国家保持并提高自己的文化水平。相应地，他希望每个民族国家

---

① G. D. H. Cole, *Europe, Russia and the Future*, p. 9.
② 参见柯尔：《费边社会主义》，第90页。
③ 柯尔：《费边社会主义》，第90页。
④ 参见柯尔：《费边社会主义》，第92页。
⑤ 参见柯尔：《费边社会主义》，第90—91页。
⑥ 参见柯尔：《费边社会主义》，第90—92页。

在司法和警务方面使用自己的语言，在学校教育中，以本民族语言为第一语言，并保有自己的民族媒体。民族事务方面，官员通过使用"在精神面貌上作为该民族传统一部分"①的本民族语言进行管理。柯尔也希望各民族自己掌控学校、法庭、社会服务、文化机构和当地政府。他认为，当地民族对非经济决策的掌控，不仅仅促进了分权，也促进了合作。当地民众想让熟人进行管理，而熟人具有以下特征：管理者在直接密切影响到被管理者个人生活的所有方面与被管理者相同，并且双方有私人联系。②

最后，公民的直接参与只能发生在当地、车间中和街区中。对柯尔来说，即便世界上存在一个超国家的机构，民主的关键成分依然是当地社团。而社会主义将意味着不断增加的物质安全；超国家机构，就像英国民族国家政府一样，将保护公民的表达自由。这两者是实现公民参与最起码的条件。

此外，公民参与还需要一些机遇，而小型团体则提供了这些机遇。在商店、工厂、农村和邻里中存在的小型团体将有权利讨论世间任何事情，如从工头、经理到内阁政策，以及成员们强烈感觉到的事物。③ 对于这类小型团体，柯尔没有明确限制其立法权。他希望这些小型团体承担更多责任，其中有些任务可能更适合民族国家或者是超国家机构，但是需要经过实践检验。不应该先入为主地认为某件任务太复杂就不适合小型团体处理。"我所要求的一切，意在组织我们的新社会去激励每位公民在政治上的觉悟，并让公民在政治上相信公众所珍视的民主。"④

## 四、超国家社会主义的自由特征

在超国家社会主义设想中，柯尔依然厌恶集权，重视差异和自由。相应地，比起集权的各种政治机构，柯尔更推崇小单元："影响人道精

---

① G. D. H. Cole, *Europe, Russia and the Future*, p. 164.
② G. D. H. Cole, *Europe, Russia and the Future*, p. 166.
③ See G. D. H. Cole, *Europe, Russia and the Future*, p. 202.
④ G. D. H. Cole, *Europe, Russia and the Future*, p. 207.

神发挥的小单元，本身是宝贵的。"① 不过，由于科技条件需要计划的集中，柯尔也认为一些集中是必要的，但他要求设置尽可能多的反制（counteract）措施以防止集权产生危害。"应用科学的发展所强加给人们的生产和分配的规模越大，把管理化解为可控制单元的机会就越重要。"② 这也解释了柯尔希望超国家机构局限在经济计划和需求协调等有限领域拥有权力的原因："给民选的国家规定共同的经济计划并确保其执行；（而）经济需求……更需要超国家的协调。"③ 这样的设计意在防止集权。换言之，在柯尔看来，除了超国家机构在经济计划、协调需求职能之外的大多数经济决策，应当尽可能地由国家、地区和当地政府来制定。

在超国家社会主义设想中，柯尔对于个体自由仍然一如既往地十分推崇。柯尔强烈地相信一定的权利和自由的价值，他认为这些东西"的确存在于大不列颠、斯堪的纳维亚和其他一些西欧国家，而目前不存在于苏联"④。他痛恨一切形式的极权主义，特别痛恨那种让所有人想法都一致的极权主义。相反，他尊重容忍差异，以及思想差异所表现出来的思想自由。相对于极权主义，柯尔十分重视议会制度，因为议会制度赞成公众言论自由、批评政府的自由、让政府公开回答它一直在做什么的自由。柯尔希望以各种自由形式为后盾形成的传统在新时期继续存在，他不希望民主地区抛弃这些自由形式去建立新秩序。柯尔希望苏联人获得的积极自由能赋予欧洲人民，使得欧洲人民不再仅仅满足于消极自由，他认为积极自由和消极自由在超国家的社会主义中是可以实现的。

基于上述认识，柯尔总结道："我不是共产主义者，而是个'自由主义的'社会主义者。"⑤

---

① G. D. H. Cole, *Europe, Russia and the Future*, p. 166.
② G. D. H. Cole, *Europe, Russia and the Future*, p. 157.
③ See G. D. H. Cole, *Europe, Russia and the Future*, pp. 127–128.
④ 柯尔：《费边社会主义》，第97页。
⑤ 柯尔：《费边社会主义》，第97页。

## 第三节　对柯尔的超国家社会主义思想的评价

柯尔超国家的社会主义设想，继承了康德以来众多思想家欧洲联合的主张，响应了马克思、列宁等人国际联合的主张，有一定的历史渊源，并有所创新。

柯尔的超国家社会主义，预测到了未来欧洲国家进行联合的趋势，与二战后欧洲一体化的起步不谋而合。柯尔在超国家社会主义的设想中，仍然坚持自治的优先性、反对集权，体现了其思想深处的内在一致性：以个体自由为出发点。柯尔的超国家社会主义，立足于基层自治，弱化了国家职能，延续了其早年主张的国家消亡观。柯尔对殖民地的论述和对德国、东欧、南欧的论述，这也可以从文化相对主义①或"时机未到"结构的角度进行理解。

但这些主张也有局限性。柯尔只是把重大经济事务交由超国家的社会主义机构进行管理，而把政治和其他经济事务的决策权仍然放在国家和地方层面，体现了他对集权的警惕，但是，这种联合终究只是一种低层次的联合，随着经济联系的加深，经济事务协调领域的增多，联合必然会向深度和广度上扩展。例如，当今欧洲一体化早已经过了欧洲经济共同体阶段，已经部分或全部完成了关税同盟、货币联盟、社会联盟、申根协定，正在向财政联盟〔如为防止 2008 年金融危机以来欧洲主权债务危机的恶化而建立的财政紧缩机制和欧洲稳定机制（Europe Steady Mechenism, EMS）〕，并积极谋求防务联盟（实现防务独立）的方向努力，对外也争取"用一个声音说话"。可以说，由于经济基础决定上层建筑，在经济管理之外，超国家层面上某种程度的权力集中是经济联合一种必然结果。柯尔对集权的过分警惕，限制了其思想的进一步拓展。

此外，不论是在当时还是从现在来看，柯尔出于防止战争、防止垄断资本主义的国际联合的考虑而主张社会主义超国家层面联合的想法，还显

---

① See A. W. Wright, *G. D. H. Cole and Socialist Democracy*, pp. 250 – 254.

得过于乐观。直至今天,资本主义已经发展到了国际金融垄断阶段,虽然屡次遭受危机,其力量依然十分强大。从这一点上说,柯尔低估了国际垄断资本主义的生命力。

# 第五章 柯尔社会主义思想的整体特征

柯尔的社会主义思想具有两方面的特征：在时间上，是渐变性与一致性的统一；在效果上，"怀着布尔什维克的心，却陷入了费边主义的牢笼"，即理性的激进主义。

## 第一节 渐变性与一致性的统一

柯尔的社会主义思想的形成，既有时代因素，又是个性使然。而柯尔的社会主义思想可分为前期的基尔特社会主义与中后期的基础社会主义和超国家的社会主义三个部分。纵观三个部分的社会主义思想，它们各具特色、交相生辉，当然也存在很多共同之处。

### 一、渐变性

柯尔早年思想上受到了多元主义和理想主义的影响，行动上逐渐进入基尔特社会主义运动的行列：著书立说、参与创建全国基尔特联盟，后试图把费边社改造成基尔特社会主义运动的组织，遭到"老人帮"反对后退出费边社。基尔特社会主义运动在一战后英国的重建氛围中迎来辉煌，但旋即遭遇"黑色星期五"，走了下坡路，在政府拒绝履行合同之后，不得不终止了活动。

在整个过程中，从撰写《劳动之世界》和参与《斯托灵顿文件》的起草，到组织全国基尔特联盟，再到通过《社会学说》、《基尔特社会主义重述》等专著阐发基尔特社会主义的思想，柯尔最终成为基尔特社会主义集大成者。

但在1923年基尔特社会主义运动终结的时候，柯尔收起了这些主张。20世纪20年代中期，柯尔两次向改良路线靠拢，并先后为了支持英国工党选举活动而反对1926年的大罢工，拒绝加入独立工党关于立即实现社会主义活动。但是，这种靠拢为1929年大萧条所打断，此后，柯尔对改良路线越来越不满，并提出了"社会主义计划的民主化"主张，希望借助于计划，使得英国摆脱大萧条。其对计划的主张，与凯恩斯主义有着部分重合之处。不同之处在于，凯恩斯的出发点是挽救资本主义，关注的是现实，运用了数理经济学的工具，因而成果丰硕；柯尔的出发点是通向社会主义，关注点是未来的社会，忽视了数理经济学等工具，陷入了对"社会必要劳动时间"的质疑中，而且他本人的主要兴趣并不在经济学领域，种种因素导致他最终没有成为有影响的经济学家。

随着二战的爆发，英国战时的计划，为柯尔等工党左翼人士所重视，并希望这一政策在二战后形成未来重建的前提，并由此向社会主义过渡。为此，当时作为费边社执委会主席的柯尔通过《费边社会主义》一书提出了"基础社会主义"，即以民主、机会平等、生活有保障和思想等方面的自由为基础的社会主义来实现二战后英国的重建。柯尔的这种思想，反映了英国战时的共识，并通过纳菲尔德社会重建调查活动影响了英国舆论，促进了英国社会整体左转，影响了二战后英国的民主社会主义，为形成二战后三十年"共识政治"（1945—1979年）提供了一定的基础。柯尔在晚年认同了新修正主义对国有化的警惕，但是坚持产业自治的主张。

与此同时，和一战相比，二战开拓了柯尔的视野，柯尔不再像一战时那样作为和平主义者极力反战，而是力主遏制和打败法西斯，在欧洲实现"超国家的社会主义"。这种主张反映了欧洲一体化的客观潮流，但是对社会主义估计得过于乐观，而且赋予超国家机构的权限仅限于经济和交通等个别领域，不符合客观发展规律。

总的来说，柯尔的社会主义思想，经历了基尔特社会主义、基础社会主义和超国家的社会主义等阶段。由于后面的两种主张是在基尔特社会主义之后提出来的，而且没有形成统一的社会主义理论，同时保留了大量的基尔特社会主义时期的片段和术语，克服了基尔特社会主义时期的许多不足，实现了对这种不足的超越，本书把它们统称作"超越基尔特"的社会主义。柯尔变化的另一面，是从基尔特社会主义的激进，变成了对基尔特的社会主义进行"超越"的理性。这种理性，既体现在他对自己放弃议员候选人资格等对政治活动的疏远，也体现在他对新费边研究局和重组后费边社"自我否定条款"的支持和坚持上。这种理性，促使了柯尔明确自身定位，并在二战前后十五年（1931—1945）发挥了其人生最为重大的影响。

## 二、一致性

柯尔的社会主义思想，虽然中后期是对早期基尔特社会主义的超越，但是，超越并不是完全背离，而是部分放弃了早年诸如抵制议会制等不足之处、吸纳了某些改良主张，由于种种变化，柯尔曾被艾德礼认为"每年有一种想法"[①]。但是，柯尔并没有发生思想大转变，而是自始至终都保持了某些一致性，主要是基本价值观的恒定和较明显的伦理色彩。

（一）恒定的基本价值观

无论是提倡基尔特社会主义，还是基础社会主义，或者是超国家的社会主义，柯尔的社会主义思想保持着基本价值观的相对恒定，并纵贯了柯尔的一生。在即将临终的 1958 年，他总结了自己思想的原则。柯尔认为，他本人社会主义原则的基础，是以个体自由为出发点。因此，他反对任何形式的集权

> 我相信，民主只能是小规模的，转化为小规模是为了让民主真实，并且为了真实，民主必须是职能的——与明确的、具体的活动相

---

① John Bew, "The Unromantic Hero（Attlee）," *New Statesman*, Sep. 20 - 26, 2013.

关，与在动机上无差别的混杂无关，而动机上无差别的混杂为注定要高出他人、彰显差别的组织目标所涵盖。我终生都忠诚于这种含义的民主，尽管我发现它导致我早年出现了胡言乱语。①

柯尔承认，在他的早年，他过分夸大了个体自由的有效性，忽视了国家和计划问题，这些问题他后来的确试图抓住并把它们融入自己的社会主义思想中，但是他认为如果不是在底层（如车间等）开始自治等民主控制，那么民主控制对工人来说将什么都不是

> 除非以相信普通人有能力管理自己事务为基础，否则社会主义不会全面建立——这需要以小规模为基础的一套管理方法，否则规模太大了，会剥夺人们对所做事情的真正控制。我确实感到，如果大规模民主不分解为正常可控制的规模和可控制的复杂程度，那么大规模民主注定是不健全的。②

柯尔还认为，他们这一批基尔特社会主义者是在与当时的潮流（当时的潮流是：在资本主义和社会主义国家，出现了组织的复杂化和权力的集中以及德国、意大利等若干国家随之而来的独裁）对抗。从柯尔思想活动中的民主（自治）因素，可以看到个体自由为出发点的观念贯穿其中。总的来说，柯尔的思想活动中，以个体自由为出发点，自由、个性、民主（自治）、平等和伙伴关系，相互关联形成了一个胜过单个价值概念的价值整体。而这一综合价值观定义了他所追求的"美好生活"（good life）。

---

① Branco Pribicevic, *The Shop Steward's Movement and Worker's Control*, intro. by G. D. H. Cole, Oxford: Basil Blackwell, 1959, p. vii. from Joseph Ira Hyler, *The Social Thought of George Douglas Howard Cole*, The Ohio State University, Ph. D. , 1975, p. 124.

② Branco Pribicevic, *The Shop Steward's Movement and Worker's Control*, intro. by G. D. H. Cole, p. viii. from Joseph Ira Hyler, *The Social Thought of George Douglas Howard Cole*, The Ohio State University, Ph. D. , 1975, p. 125.

柯尔的价值观源于维多利亚时代后期的观念，当时霍布豪斯①（Hobhouse）等新的自由主义②者把自由主义价值观重塑为对维多利亚时代古典自由主义的批评，发展出了以积极自由为内容新的自由主义，柯尔延续了这些新的自由主义者的部分话语，并体现在了他的社会主义思想中。

（二）伦理社会主义倾向

伦理社会主义认为个人是至高无上的，同时，还强调个人在社会中相互依存，强调家庭、社区。柯尔的伦理社会主义倾向在于他看重的个体自由，强调个性、自由、平等，在此基础上形成民主（自治）和伙伴关系。虽然这些价值观念是非常重要的价值追求，但是，在柯尔的论述中，却缺乏实践载体——政党或阶级。即便是他对马克思主义的理解，也被其伦理社会主义倾向进行了修饰，淡化了物质基础的决定性作用，偏重于强调价值，从而形成了一种伦理化、人道化的马克思主义。与此相关的是，他本人也时而自称马克思主义者。③但他至多只能算作和西方马克思主义者类似的人道化马克思主义者。

在世界社会主义历史上，尤其是苏东剧变之后，在西方社会民主主义政党的一些领导人物之中，社会主义的道德等伦理基础被认为是"唯一经受住了时间考验的东西"④，这也从侧面反映出柯尔等理论家伦理化倾向所具有的客观合理性和前瞻性，比如"第三条道路"强调的共同体精神、伙伴关系、机会均等、友爱等是柯尔的社会主义思想和诸如"美好生活"等

---

① 里奥纳德·特里劳尼·霍布豪斯（1864—1929），英国著名政治思想家、哲学家、社会学家。他在《自由主义》、《形而上学的国家论》、《合乎理性的善》等著作中，对英国的政治和社会问题进行了深入地研究和分析，面对垄断、专制和战争趋势在西方世界的增强，霍布豪斯批评了古典自由主义，并重新阐述了他的自由主义思想，被认为是新的自由主义（New Liberalism）的代表人物，其理论是20世纪英国政治思想主要代表之一。

② 19世纪末产生的新的自由主义，其主张类似于社会民主主义—民主社会主义，又称作社会自由主义。它不同于20世纪末、以恢复古典自由主义为主要内容的新自由主义（Neo-Liberalism）。为了做区分，本书沿用了把"New Liberalism"称作"新的自由主义"的说法。参见唐士其：《西方政治思想史》第343页注释①。

③ 参见柯尔：《社会学说》，第96页。

④ [英] 托尼·布莱尔：《新工党：我对一个年轻国家的展望》，曹振寰等译，北京：世界知识出版社1998年版，第24页。

理念的重要内容。

### 三、渐变性与一致性相统一的影响因素

柯尔社会主义思想的渐变性与一致性，从根本上讲，是柯尔思想深处既反映时代变化又保持独特个性的体现。时代变化和独特个性构成了柯尔社会主义思想渐变的二维张力。

柯尔社会主义思想的独特性，在于其思想的出发点是个体自由。这使他早年致力于职能民主论为基础的基尔特社会主义，在基尔特公社设想中，个体的自由将通过基尔特为主的自治团体得到最大限度的发挥。

但这种设想，过分超前于当时最发达的国家英国，更遑论中欧、东欧乃至落后的亚非拉国家了。因此，在垄断资本主义时代，集权成为资本主义和现实社会主义国家共同客观需求的背景下，以个体自由为出发点的基尔特社会主义难免遭遇挫折，最后戛然而止。柯尔遂"收起了"基尔特社会主义，开始反思自己此前所反对的议会道路的必要性，而后向改良路线稍作靠拢，并成为工党的议员候选人。这样，柯尔在一战后从1920年到1929年，实现了从极端反对代议制到参与改良路线的调整。

柯尔的调整并不表示他放弃了自己思想的出发点，相反，他通过另外一种方式继续了他的理念。柯尔在大萧条爆发后，开始逐步提出了社会主义计划民主化的主张，它仍然以个体自由为出发点；虽然他认为必须赋予计划人员和工头一定的权威，但是，他仍然把对车间有相对控制权的工人作为控制层来制衡管理层，以防止计划导致的集权，从而保障工人个体的自由。

二战之中，英国等国的国家资本主义措施，使得国有化成为一种重要举措，柯尔从个体自由出发，对国有化持警惕态度，并且指出了国有制对个体自由的束缚。他前瞻性地提出：公有制只是社会主义的手段，而不是目的，社会主义的目的（或基础）在于民主、机会平等、生活有保障和思想等方面的自由。这其实在强调社会主义的民主和福利属性。这种"基础社会主义"，在福利属性上与《贝弗里奇报告》有着异曲同工之效，而且成为二战后新修正主义（二战后在工党内出现的主张放弃党章第四条公有

制条款主张的新的右翼）的前导，英国工党的主导思想正是由于新修正主义的出现而逐渐发生了嬗变，直到"第三条道路"的出台。

二战打开了柯尔的国际视野。柯尔从"小英格兰人"变成了国际主义者，他不仅通过领导的费边社积极组织二战期间的宣传、调查活动，而且在二战后组建了国际社会主义研究社，并担任主席。柯尔虽然在二战中开始主张超国家的社会主义，但是他明显地把能够实现个体自由的英国、法国等西欧国家划入到一个社会主义阵营中，把没法实现个体自由的德国等中欧、东欧国家划入苏联阵营中。在西欧国家组成的阵营中，柯尔同样从个体自由出发，把超国家社会主义的重心放在了地方和基层。让与基层民众熟悉的基层官员通过使用本地语言和参与本地事务的民众共同管理本地事务，这是柯尔超国家社会主义的出发点。在此基础上，国家层面和超国家层面负责的事务十分有限，仅限于若干具体的项目，如超国家机构的事务仅限于交通和贸易等领域。

总的来说，柯尔的社会主义思想，既反映时代变迁，又保持着自己一贯独特的思考：以个体自由为出发点。这种时代与个性的交织，使得柯尔的社会主义思想呈现出渐变性与一致性相统一的特征。

## 第二节　理性的激进主义

柯尔经常在作品中表达希望社会制度激进转变的主张，他想以这种方式在世界上实现自己的社会主义理想。柯尔的许多基尔特社会主义作品，可以看作是虚构的社会主义理想，并且在基尔特社会主义时期之后，柯尔在基尔特社会主义理想幻灭之后，仅仅是在守护社会主义价值。如果这是柯尔唯一的一面，柯尔也许要么已经转向现实世界，要么坚持认为自己的观念纯洁且超越时代。事实上，柯尔既没有完全转向现实世界成为改良主义者，也没有完全超越时代，而是在 20 世纪 20 年代中后期两次向改良路线靠拢，并随着时代变化不断调整自己的社会主义主张。这说明，柯尔的思维并不单一，另有精神因素对他的观念产生影响。毛里斯·雷吉特①（Maurice Reckitt）在自己颇有洞见的八行诗②中以"怀着布尔什维克的心，却陷入了费边主义的牢笼"对柯尔的这种"理性的激进主义"双重特征进行了描述。

"布尔什维克的心"指的是构成柯尔所理解的社会主义理想的价值追求和制度追求，这是十分明确的。而"费边主义的牢笼"则涉及若干方面。它指的是柯尔的社会主义理论与实践方面与其他费边成员存在着的某些共性。

首先，像其他费边主义者一样，柯尔坚持从事实中进行分析和研究。柯尔把许多精力放在了调查与现实研究上，比如成立各种对现实进行研究的机构、组织一些调查研究：（费边社）劳动研究部，各种研讨小组（如柯尔小组），新费边研究局和纳菲尔德社会重建调查。柯尔对事实有较强的理解能力，并且诚实、精确地对待事实。他把这些素质与费边主义者的效率和专业结合了起来。他对事实的强调，常常与和他共事的纯粹理想主义者发生分歧。比如，他在1917年与全国基尔特联盟的左翼发生过分歧，因为他主张尽他们的长处让联盟去研究一战后重建，③而联盟当时却在推进基尔特社会主义组织建设方面劲头十足，柯尔因此一度萌生了解散全国基尔特联盟的想法（直到1923年失败，全国基尔特联盟才解散，对此他感到"解脱"④）。

其次，"费边主义的牢笼"第二个关键成分是柯尔的实用性。在方式

---

① 摩里斯·贝宁顿·雷吉特（1884—1980），虔诚提倡牛津复兴运动（Tractarianism，19世纪由牛津教授们发起的高级教会运动，主张恢复天主教传统、恢复与罗马教廷的联系）的社会主义者，终生致力于政治和地区之间更紧密的联系。他写作的范围比较广泛，涉及基督教价值在公共生活中的应用。与本书相关的著作有《全国基尔特的含义》（*The Meaning of National Guilds*）。

② 八行诗的内容是"G. D. H. 柯尔先生/有点神秘/一个奇特的角色/属于G. D. H. 柯尔/怀着布尔什维克的心/却陷入了费边主义的牢笼/G. D. H. 柯尔先生/有点神秘"。See Maurice Reckitt, *As It Happened*, London: J. M. Dent & Sons, 1941, p.123.

③ 柯尔吸取了教训，在二战中，他主持费边社等组织的活动时，恪守"自我否定"条款，没再犯这种被理想主义者操控局面的错误，在这种成熟想法的指引下，他在二战中主持的纳菲尔德社会重建调查为英国战时内阁填补了很多工作上的空白，为工党1945年大选中策略的针对性方面提供了详实的资料，从而使柯尔的影响达到了人生巅峰。

④ Luther P. Carpenter, *G. D. H. Cole: An Intellectual Biography*, Cambridge: Cambridge University Press, 1973, p.106.

选择方面和在要开展活动的决策过程中，柯尔是实用主义者。为了与工党政策相关，他的研究注重探索理论和事实，并揭示可能会发生什么以及工党能做什么。他认识到，在纯粹的理论自洽这个范围之外，坚持不切实际的理想会无济于事；而忽略在一种形势下已经出现在工作中的因素，也无济于事。他是一个预言家，努力辨认各种力量并去适应，且不会盲目坚持理想。

最后，"费边主义的牢笼"涉及柯尔阐述自己基本理念的方式。柯尔认为，理念是事实判断与价值判断的综合，这两者由此融合成信仰行为（act of faith）。柯尔在社会主义上也坚持这两点。

虽然柯尔个性的一个基本成分是理想主义，但柯尔的实用性成分不亚于其理想主义。当雷吉特把自己的八行诗展示给柯尔的妻子玛格丽特·柯尔时，她认为"事实上，柯尔也是布尔什维克牢笼中的费边的心，而且当然也有这种解释的例子"①。玛格丽特·柯尔在自己的书中也用"怀着一颗布尔什维克的心，却陷入了费边主义的牢笼"② 的说法来形容柯尔。这说明，在柯尔这两方面个性中的任一方面都有可能会暂时居优。不过，这不是"理想主义"和"实用性"谁控制谁的问题，而是柯尔的一个观念或政策要尽可能同时满足这两套标准。而每一标准能够从另一标准中得到调整。因此，"布尔什维克的心"和"费边主义的牢笼"是"边界"，框定了柯尔思想和策略的活动范围，一旦超限，柯尔就会不安。

因此，柯尔的主要立场就是平衡理想主义和实用性，在这两方面中一方占据主导地位时尤其如此。比如，柯尔在感到基尔特实用时形成了基尔特构想；而在其他时间柯尔则走向另一个极端，比如对改良路线的短暂接受（注意，柯尔认可的只是行动，而不是改良主义的理念）；即使此时，柯尔的理想主义理念依旧发挥着作用。当柯尔集中精力于短期政策的时候，他认为这些短期政策必须有利于为将来的理想做准备，比如他关注一战后和二战后英国的重建，目的是通向未来的社会主义，而不是像改良主

---

① Maurice Reckitt, *As It Happened*, London: J. M. Dent & Sons, 1941, p. 123.
② [英]玛格丽特·柯尔：《费边社史》，杜安夏译，北京：商务印书馆1984年版，第263页。

义那样，在妥协中慢慢失去了社会主义目标。

鉴于这种双重性，柯尔被称作"通情达理的极端主义者"①（sensible extremist）或理性的激进主义者。说得明确一些，柯尔虽然在理念上比较极端，但是行动上通情达理，他会采取某种联合策略：尽管理念有差别，但这不妨碍联合自己的同路人（比如为了团结独立工党内忠于工党的那批人，柯尔在20世纪30年代把社会主义宣传咨询协会并入了社会主义联盟，从而避免了那批人的离心倾向），这颇有几分"君子和而不同"的意味；这与柯尔从整体上为社会主义服务的立场是一致的。

如上所述，"怀着布尔什维克的心，却陷入了费边主义的牢笼"这句话是柯尔的人生伴侣玛格丽特·柯尔和好友雷吉特等人对柯尔思想特征的共识，即柯尔思想中存在着理想主义与实用性两个维度，柯尔总在协调这二者的关系，并根据形势调整自己。但是由于理想主义浓厚，他调整的步伐中总存在不彻底之处，比如他在大萧条来临之时，已经埋首研究经济学，成为凯恩斯主义的先驱，但是却由于社会主义理想而放弃了很多方法，也忽视了很多领域，最终没有能成为有影响的经济学家。

此外，《G. D. H. 柯尔与社会主义民主》一书的作者 A. W. 怀特认为，柯尔在这两个方面的许多具体领域都存在需要协调之处：多元与共同体、政治行动与国家、资本主义与社会主义、马克思主义与社会民主主义、民族主义与国际主义等具体方面。② 这显示了柯尔社会主义思想中的某种二元性或者说双重性。

以上是对柯尔社会主义思想特征的概括。

---

① See A. W. Wright, *G. D. H. Cole and Socialist Democracy*, p. 1.
② See A. W. Wright, *G. D. H. Cole and Socialist Democracy*, p. 263.

# 结 语

作为总结性的一个章节，本章主要呈现如下内容。一是归纳出柯尔社会主义思想各阶段在经济和政治方面的主要观点；二是呈现出柯尔社会主义思想的基本脉络；三是归纳出柯尔社会主义思想独特性并评价其历史地位。

**一、柯尔社会主义思想的主要观点**

柯尔各阶段的社会主义思想在经济主张和政治主张上存在很多共同之处，他们构成了柯尔社会主义思想的基本内涵。

（一）经济方面的主张

柯尔在三个阶段社会主义思想中的经济主张归纳如下：

第一，在经济制度方面，柯尔主张社会所有制，以促进经济平等，为个体自由奠定物质基础。同时对国有制保持警惕，以避免国有制引起官僚机构的膨胀，威胁到个体自由。

一是实行社会所有制，这是个体自由的经济基础。在基尔特社会主义时期，柯尔和众多社会主义者一样，对私有制持否定态度。他认为，工资制度压制劳动者的创造性，使资本家不劳而获，必须予以废除。在日常劳动中的经济地位差别导致阶级冲突，这对社会有害。在基础社会主义阶段，柯尔认为，公有制是必要的（私有制下，各产业由于追逐利润为先，社会公平的社会效益难以保证；私有制赋予私有者太多的权力，从而使他们有运用这种权力危害社会的机会），需要实行大规模的社会化才能避免利润、效率原则给现代经济带来的问题。社会化所涉及的部门主要是一些关键部门，而这些关键部门的社会化会带动整个经济的社会化。公有制只是实现社会主义的手段而不是目的。社会主义的目的应当是民主、机会均等、社会保障和思想自由。在超国家社会主义时期，柯尔论述超国家社会主义的前提是实现了生产资料的社会化，并且有些事务实行了超国家层面的调控。

二是警惕国有制，避免官僚机构威胁到个体自由。早在基尔特社会主义时期，柯尔就没有笼统地赞成国有制，并在后来发展到对国有制持警惕态度：一战前，他就已经认识到国有化的根本缺陷而不赞成笼统地把其当作向社会主义过渡的途径。当时，他认为，工会、基尔特所有制即工人控制生产资料的所有制优于有安全措施的国有制（安全措施是指自治等政治制度以防止出现官僚化和工人阶级政权异化，保障工人阶级利益），后者又优于私有制。后来，在基础社会主义时期，柯尔所看重的社会所有制依托合作社这一资本主义社会中的社会主义萌芽，其中贯穿着参与者的自发性和主动性，这不需要也不依赖行政命令或强制措施，以避免苏联那种行政命令之下国有化和集体化所产生的问题。从这个角度来看，柯尔预想的社会主义，是在合作社等社会所有制组织自然发展壮大基础上瓜熟蒂落的结果（即社会主义革命不会像法国大革命或者政变，而"会像工业革命"，"限制而不是剥夺那些不劳而获者"），而不是依靠"赤卫队进攻资本"和行政命令通过剥夺那些剥夺者人为强制性地建立起来。

第二，在经济体制方面，柯尔的主张经历了基尔特之间相互协调的产业自治到民主地实施社会主义计划的演进。

在基尔特社会主义时期，柯尔的主张是产业自治，即基尔特掌控经济生产，基尔特之间进行经济协调，从而满足社会对生产的需求。这一主张显然比较理想化，因而成为他基尔特社会主义的薄弱环节。到了基础社会主义时期，柯尔经历过基尔特社会主义时期的挫折，也认识到要避免大萧条和二战的悲剧重演，必须依靠国家的力量，仅仅靠产业自治难以达到克服大萧条和制止世界大战的效果,因此,他开始论述计划和集中的必要性,并对工人自治做了限制,但他仍然注重发挥工人自治对计划部门的监督和制约作用,从而防止集权现象乃至苏联计划中过度集权现象的发生。在超国家社会主义主张中,柯尔同样担心超国家层面对经济的调控会出现权力过度集中的现象,而极力主张大多经济事务应保留在国家层面,社会事务则保留在地方自治和社团自治的层面。

(二) 政治方面的主张

柯尔三个阶段社会主义思想中的政治主张如下:

第一,实行自治。在基尔特社会主义时期,柯尔的主张是以职能民主为理论基础、以基尔特为载体的产业自治。而自治也是柯尔基尔特社会主义的典型特征,这体现在个体自由的出发点、职能民主理论和基尔特为载体的结社民主模式中。到了基础社会主义主义时期,柯尔所强调的四个基础之一就是民主,但不是代议制民主,而是柯尔这个时期推崇的"人民做主",即自治。当时,柯尔认同民主主义者理解的民主,即应当由人民做主——这就是希腊语"民主"一词的含义:民主意味着人民的统治,而不是形式上的投票。民主更本质上真正的情况是,民主就是以民主的方式进行工作,以便给人民权力,而不是赋予人民毫无权利内容的权力形式和影子。在超国家社会主义设想中,柯尔强烈地相信一定的权利和自由的价值,他认为这些东西的确存在于大不列颠、斯堪的纳维亚和其他一些西欧国家,而不存在于苏联。他特别痛恨那种迫使所有人想法都同质化的极权主义。相反,他尊重并容忍差异,推崇思想差异所表现出来的思想自由。柯尔十分重视议会制度,因为议会制度赞成公众言论自由、批评政府的自由、让政府公开回答它一直在做什么的自由。柯尔希望以上述各种自由的形式为后盾而建立起来的传统在新时期继续存在,而不希望民主的地区抛弃这些自由的形式去建立二战后的新秩序。

第二,实行比普选、代议制民主更真实、更激进的小规模范围内的参与式民主,如职能民主制。在基尔特社会主义时期,柯尔极端排斥代议制,因为他觉得代议制中,议员作为"全权代表"无法真正代表公民个体的意志,因而主张用职能民主制代替代议制,并主张在基尔特这种小规模社团的范围内公民对公共事务实行直接参与管理。在基础社会主义时期，柯尔主张民主只能在小范围内实施，范围太大尤其大国产生的"巨大性"会产生集权甚至是"极权"现象，这会威胁到民主本身，不利于"人民做主"。在超国家社会主义设想中，柯尔更是认为实施民主的单位应该是"小单元"，从而极力主张超国家层面的权力应当仅限于贸易和交通，类似于当今中国"一带一路"所主张的权限，而民主的重心应放在小单元的社团自治和地方自治上。只有人民参与到民主过程中，民主才是真正意义上的由人民做主，而不是为人民做主或替人民做主。

## 二、柯尔社会主义思想的基本脉络

纵观柯尔的社会主义思想，它保持了古典自由主义以个体自由为出发点的思考、吸收了新的自由主义对积极自由的支持，并有所选择地吸收了从卢梭，到欧文、马克思，再到威廉·摩里斯、韦伯夫妇等人的思想，形成了以个体自由为出发点的社会主义思想。

在基本理念层面，柯尔以上述思想为理论背景，在对资本主义和集权现象进行批判的基础上，提出了以个体自由为出发点的一套价值观：以个体自由为出发点，以职能民主论为基础，延伸出由自由、个性、自治（民主）、平等和伙伴关系相互衔接而成的"美好生活"①。而在柯尔的论述中，大多数人的幸福成了其社会主义思想的归宿。这些使得柯尔在各阶段都提出了本质上以个体自由为出发点的社会主义思想。

在模式设计层面，柯尔早期以职能民主理论发展了基尔特社会主义思想，但由于极端否定代议制、否定国家，与时代趋势要求不一致而遭遇挫折；后来，柯尔开始接受代议制，并强调国家在经济计划中的作用，从而对基尔特社会主义进行了扬弃和超越，先后提出过基础社会主义、超国家社会主义等主张。但是，在基础层面上，柯尔始终坚持基尔特社会主义时期的产业自治等主张，而且并未完全背离基尔特社会主义的初衷，比如柯

---

① See G. D. H. Cole, *Social Theory*. London: Methuen, 1920, p. 62; also see G. D. H. Cole, *Essays in Social Theory*, Houndmills: Macmillan, 1950, p. 92.

尔仍然保持了基尔特人的本质,柯尔自称是决不悔改(unrepentant)的基尔特人,所变化的只是实现基尔特社会主义的手段。① 因此,本书把柯尔中后期的"超越"界定为对前期不足的克服和弥补,而不是完全放弃。

总的来说,柯尔中后期的社会主义思想(基础社会主义和超国家的社会主义)是对前期(基尔特社会主义思想)的扬弃,既保持了基尔特社会主义个体自由的出发点,又缓和了基尔特社会主义时期对代议制的完全排斥,"超越"了基尔特社会主义。从整体上看,柯尔的社会主义思想以个体自由为出发点,以小范围(如基尔特、车间、社区)的自治为鲜明特征。

### 三、柯尔社会主义思想独特性和历史地位

柯尔的社会主义思想是时代的产物,显示了柯尔对社会主义的独特思考,正所谓,"时代是思想之母"。与20世纪上半叶主流的社会主义(苏联模式的"现实社会主义"和社会民主主义)相比,柯尔的社会主义思想与它们存在一些差异和共同点,因而具有一定的历史地位。

(一) 独特性

柯尔的社会主义思想具有相当显著的独特性。

一是以职能民主理论为基础的参与式民主模式反映了柯尔对大众民主的独特思考。柯尔的三部分社会主义思想,虽然存在变化,却都在强调个体自由和小范围内的直接民主,即该小范围团体内部成员对社会公共事务的参与。职能民主和基尔特社会主义是柯尔在这方面最典型的思考。柯尔由此也被认为是参与式民主的代表人物之一。

二是柯尔的社会主义思想延续了自治类型的社会主义在西方尤其是在英国的传统。柯尔的社会主义思想自始至终一直在强调个体自由,而为了实现个体自由,小范围内的直接民主(即自治)成为必要的途径。在柯尔的社会主义思想中,只有自治才是真正的民主,而代议制则因违背了职能

---

① See J. M. Clark, "Review: Economic Planning by G. D. H. Cole," *Political Science Quarterly*, Vol. 51, No. 3 (Sep. 1936), p. 465.

原理遭到了柯尔的否定，这尤其表现在基尔特社会主义时期。柯尔这种以自治为核心的社会主义思想与苏联模式和西方国家以代议制为途径的社会民主主义存在重大差别，属于另外一种社会主义主张，即"自治社会主义"，这值得深入研究和挖掘。

三是对国有制的警惕对20世纪90年代英国工党的变革有所启发。柯尔早年就对国有制有所防范，到了基础社会主义时期更是明确认为公有制只是实现社会主义基础的手段，并主张以民主为前提的计划来限制国有制有可能导致的官僚化。这一点为二战后英国工党出现的新修正主义派别（盖茨克尔派）所沿袭，该派别直接促进了20世纪90年代英国工党废除公有制条款等变革，促进了工党现代化。柯尔由此被认为开"第三条道路"的先河。

四是柯尔在宣传方面的成就显示了左翼知识分子群体通过话语权所产生的巨大作用。大萧条和二战使得人们对资本主义怀疑加深，而柯尔领导创建的新费边研究局、社会主义咨询与宣传协会和以柯尔为主席的重组后的费边社则充分利用形势，对社会主义的未来和具体的政策进行了大力宣传，使得英国舆论左转，在二战后选择了走社会主义道路的英国工党，并在艾德礼政府的领导下成为世界上第一个福利国家，奠定了二战后三十年共识政治的思想舆论基础。以柯尔为代表的左翼知识分子所从事的宣传活动，彰显了左翼知识分子群体的独特地位。柯尔的主要读者是有觉悟的公民、年轻的工会人士、工人教育协会或鲁斯金学院①的学生、社会主义知识分子以及工党中的积极分子。② 他们也是左翼书籍俱乐部、《新政治家》、柯尔《智者丛书》的读者，他们把这种热情转化为各种各样的进步政治活动。他们是20世纪30年代人数众多的活跃群体；在二战前后，他们使工党政治与经济方面的最低纲领变成了"实际政策"，从而改变了英国政治的语调。柯尔多年一直面向他们进行演说和写作，从而帮助他们塑造了人格。在这方面，柯尔这批左翼知识分子的角色在属性上有些类似于被列宁

---

① 牛津大学鲁斯金学院（又译"拉斯金学院"）是为残疾人、就业受歧视的低技能人员提供成年教育的教育机构。

② Luther P. Carpenter, *G. D. H. Cole: An Intellectual Biography*, p. 217.

称作"教育了我们整整一代人"的普列汉诺夫,在英国,"柯尔在政治上帮助教育了一代人"①。当然,在效果上,柯尔在英国左翼知识分子众多的时代所起的作用,比普列汉诺夫在俄国民粹主义盛行的时代所起的作用要小得多。尽管如此,柯尔的宣传活动仍然彰显了左翼知识分子掌握话语权的重要性。

(二) 历史地位

柯尔社会主义思想因独特性而具有一定的历史地位,这种地位尤其可以通过与苏联模式的社会主义和社会民主主义等20世纪上半叶主流的社会主义主张进行比较而得以彰显。

二十世纪上半叶,在东西方社会主义历史分野的情形下,柯尔并不是社会民主主义者,也不是共产主义者,但他是一名地地道道的社会主义者。他的社会主义思想随着时代的发展而有所演化,同时却保持了"基尔特人"的本质:他在批判资本主义并反对集权的基础上,以个体自由为出发点、以自治为核心形成了别具一格的社会主义思想。

关于苏联,柯尔的基本立场是,承认苏联是社会主义,认为苏联集权体制适合俄国的专制特征,这种模式可能也适合东欧、中欧一些国家,但不适用于西欧和北欧。无独有偶,柯尔也认为自己主张的从个体自由出发的社会主义只限于西欧,不适用于俄国等东方国家。这是其文化相对主义的集中体现。此外,柯尔认为,苏联的领袖集权出发点是人民群众,而不是纳粹的领袖原则②,在此,柯尔注意到了纳粹与苏联的差别,有助于澄清西方对苏联的攻击,但他对苏联"异化的工人国家"特征有所忽略,显示了知识分子比较理想化的一面。

柯尔的社会主义主张与苏联模式社会主义的共同点有:一是都主张公有制;二是都认为资本主义向社会主义的变革具有突变性,是一场激进变革。

柯尔的社会主义主张与苏联模式的不同点有如下几个方面。

第一,在政治上,一是苏联模式是集权体制,而柯尔主张社团自治和

---

① Luther P. Carpenter, *G. D. H. Cole: An Intellectual Biography*, p. 253.
② 柯尔:《费边社会主义》,第134页。

地方主义；二是苏联模式是暴力革命的结果，而柯尔则认为社会主义革命是一种激进变革并非一定靠暴力，不像法国大革命，而是像工业革命。

第二，在经济上，一是经济制度方面，苏联是国有制为主导的"一大二公"，完全排斥私有制，柯尔的社会主义主张则对国有制保持警惕，主张合作社为代表的社会所有制，对私有制和私有者进行引导和限制而不是一概否定或消灭。二是经济体制方面，苏联实行的中央指令性计划，普通工人就像精密仪器上的"螺丝钉"，无自主权；而柯尔主张以民主为前提实施计划，发挥工人在管理、技术革新等方面的积极性，实行产业自治（至少以工人控制权制约管理层），强调人与人之间的伙伴关系。

第三，在思想上，苏联继承了沙俄时代的书报审查制度，并通过经常的政治性学术批判导致思想僵化，教条主义盛行；而柯尔则是多元主义的代表人物，并自觉接受英国的自由主义那种兼容并蓄的传统。

关于社会民主主义，虽然柯尔既非共产主义者，也非社会民主主义者，但柯尔是20世纪30、40年代的费边社领导人，费边主义也是社会民主主义的重要组成部分。因此，与苏联社会主义相比，柯尔的社会主义思想与社会民主主义仍然存在更多的共同点：

社会民主主义者和柯尔都主张：社会主义一要包含公有制，二要包含民主的政治制度，三要在思想文化上都承认自由主义的价值传统，没有"正统"的社会主义。

柯尔与社会民主主义者的不同点主要有以下几个方面。

第一，政治上，柯尔主张以个体自由为出发点，以自治为核心，早年完全排斥代议制，中后期虽然吸收了代议的形式，但仍然以自治作为自己学说的核心；而社会民主主义者则倾向于集权（如韦伯夫妇的"家长制"），并主张通过代议制实现社会主义变革。

第二，经济上：一是所有制方面，社会民主主义者主张国有化，并在二战后付诸实践，形成了莱茵模式，也因福利国家建设给国家财政增加了沉重负担；而柯尔对国有制一直进行防范，持警惕态度，目的是避免集权对个体自由的侵犯。受此先关的争论的影响，从1959年到1995年，以德国社会民主党、英国工党为代表，一批社会民主主义政党通过"第三条道路"放弃了公有制条款,主张混合所有制。这显示了柯尔对公有制持审慎态度(公有制是社会主义的手段而非目的)、对国有制持警惕态度(国有制会增加官僚的权力,这威胁个体自由)所具有的先见之明。[①] 二是经济体制上,社会民主主义者吸收了凯恩斯主义对经济实行宏观调控的主张,并且凯恩斯主义成为了社会民主主义学说的组成部分,而柯尔则对凯恩斯主义持批判态度,主张民主地实施社会主义计划。这一设想比较繁杂,且存在诸多自相矛盾之处,因而没有实现。

在经济制度和经济体制方面分别一"成"一"败",显示了柯尔这位工党非正式领导人、这位左翼知识分子长于战略、短于战术的特征,这也是许多远离实践、寓于书斋的知识分子共同具有的特点。

综上所述,通过与苏联模式社会主义和社会民主主义进行比较,柯尔社会主义思想以个体自由为出发点、以自治为核心,反对集权的特征跃然纸上。柯尔也因此成为社会主义思想史中"自治社会主义"这一社会主义流派在西方的一个重要人物。关于集权与否,也是一个重大的学术公案。实际上,正如前文所述,马克思在《共产党宣言》等名著中论述的自由人的联合体和社会所有制,揭示出未来共产主义社会即将是一个人人素质很高、个人能够实现自我管理的自治社会。这一点为后世为数不多的社会主义者所继承,比如罗莎·卢森堡、托洛茨基、吉拉斯。但是,马克思在《哥达纲领批判》中主张从资本主义到共产主义的过渡时期要实行国有制和无产阶级专政,这一思想指导着包含中国在内的各个社会主义国家的社

---

[①] 二战后,英国工党等欧洲社会民主主义政党坚持公有制条款并在执政后实行国有化改造,这虽然促进了社会公平,但是带来了效率低下、官僚主义习气严重等弊端,影响了英国、法国等国的经济发展,出现了"英国病"、"法国病"等生产滞涨与通货膨胀并存的"滞胀"危机,最终民众利益总体上受损。以1979年英国撒切尔夫人上台为标志,西方为了克服滞胀危机而采取了以削减福利、私有化为核心内容的新自由主义,结果,经济起色,但社会贫富分化严重,罢工潮、抗议潮不断。为解决这些问题,以英国工党布莱尔、德国社会民主党施罗德为代表的"第三条道路"出台。"第三条道路"兼顾公平与效率,放弃传统大包大揽型的"养懒汉"福利,实施积极福利;放弃了公有制条款,也降低了私有化程度。"第三条道路"实质是社会民主主义传统(莱茵模式)与新自由主义(盎格鲁-萨克逊模式)的折中,这促进了社会民主主义的转型,扭转了颓势并上台执政,其积极福利政策改革使得英国、德国以及北欧国家受益匪浅,成功避免了2008年金融危机恶化,英国、德国和北欧在2008年经济危机后经济表现良好,与"欧猪五国"形成了鲜明对比。

会主义实践。综合这两点可以得知,未来共产主义可能是自治的,但从资本主义到共产主义的过渡时期,一定是权力集中的,这在相对西方落后的沙俄和中国尤其显得必要,因为不通过强制措施,就难以迫使资本家尤其是大资产阶级交出生产资料(当然中国对民族资产阶级创造的"和平赎买"政策是一种例外),因此,集权是后发国家保证社会主义政权安全和稳定的客观需要,同时,正如亨廷顿所论述的那样,现代化过程也要求集权。因此,后发国家的社会主义革命和现代化过程,集权是必要的。由此看来,柯尔对集权的警惕同样比较适用于西方,特别是英国这样自由主义传统十分深厚的国度。

深入研究柯尔以自治为核心的社会主义思想,思考其蕴含的所有制观点、职能民主制为基础的参与式民主模式(协商民主理论的重要组成部分)的潜在价值,以及柯尔所在左翼知识分子所起到的"教育一代人"历史作用,对于促进新时代中国特色社会主义的混合所有制改革,[①] 发展社会主义协商民主,发展县(区)、乡(镇)、村级的基层自治,把握舆论领导权并提高主流意识形态的公信力、引导力、号召力等方面具有一定的启发意义,值得进一步深入开展研究。

---

[①] 社会主义混合所有制改革其实是公有制吸纳私营、个体等社会上的剩余资本参与到经济建设中来的一种实践,这种实践有助于壮大公有制的影响力,体现公有制在社会主义国家的基础作用和国有制在社会主义国家的主导作用。这与柯尔对公有制和国有制的态度在本质上明显不同。只是社会主义混合所有制改革中股份合作、公私合营等举措在一定程度上体现了"人人参与、人人所有"等理念。这与柯尔主张的社会所有制在理念上存在某些的相似性。

# 参考文献

## 第一部分 外文文献

### 一、柯尔的专著

1. G. D. H. Cole, *Labour in War Time*, London: G. Bell & Sons, ltd., 1915.

2. G. D. H. Cole, *Trade Unionism on The Railways: Its History and Problems*, Westminster: Labour research department; London: G. Allen & Unwin, Ltd., 1917.

3. G. D. H. Cole, *Westminster: Labor Research Department*, London: G. Allen & Unwin, Ltd., 1917.

4. G. D. H. Cole, *The Payment of Wages*, Westminster: Fabian Research Department; London: G. Allen & Unwin, 1918.

5. G. D. H. Cole, *Labour in the Commonwealth*, London: Swarthmore Press, 1918.

6. G. D. H. Cole, *Guild Socialism Re-Stated: A Plan for Economic Democracy*, London: L. Parsons, 1920.

7. G. D. H. Cole, *Labour in the Commonwealth*, London: Swarthmore Press, 1918.

8. G. D. H. Cole, *Self-government in Industries* (5th ed. rev), London: G. Bell and sons, 1920.

9. G. D. H. Cole, *Chaos and Order in Industry*, London: Methuen & Co. Ltd. , 1920.

10. G. D. H. Cole, *Capitalist Speculation and Workers' Control in the Textile Industries*, London: Published for the National Guiles League by the Labour Pub. , 1921.

11. G. D. H. Cole, *Social Theory* (3rd ed. ), London: Methuen, 1923.

12. G. D. H. Cole, *Trade Unionism and Munitions*, Oxford: Clarendon Press, 1923.

13. G. D. H. Cole, *Labour in the Coalmining Industry, 1914 – 1921*, Oxford: Clarendon Press, 1923.

14. G. D. H. Cole, *The Life of William Cobbett*, London: W. Collins, 1927.

15. G. D. H. Cole, *The Next Ten Years in British Social and Economic Policy*, London: Macmillan, 1930.

16. G. D. H. Cole, *The Intelligent Man's Guide Through World Chaos*, London: Victor Gollancz, 1933.

17. G. D. H. Cole, *Principles of Economic Planning*, London: Macmillan and St. Martin's Sreet, 1935.

18. G. D. H. Cole, *Studies in Capital & Investment*, London: Gollancz, 1935.

19. G. D. H. Cole, *A Plan for Democratic British*, London: Macmillan, 1935.

20. G. D. H. Cole, *The Condition of Britain*, London: Victor Gollancz, 1937.

21. G. D. H. Cole, *The People's Front*, London: Victor Gollancz, 1937.

22. G. D. H. Cole, *The Machinery of Socialist Planning*, London: Hogarth

Press, 1938.

23. G. D. H. Cole, *The Common People*, London: Methuen, 1938.

24. G. D. H. Cole, *A Plan For Democratic Britain*, London: Labour Book Service, 1939.

25. G. D. H. Cole, *Chartist Portraits*, London: Macmillan, 1941.

26. G. D. H. Cole, *Europe, Russia and the Future*, New York: Macmillan, c1942.

27. G. D. H. Cole, *The Means to Full Employment*, London: Victor Gollancz, 1943.

28. G. D. H. Cole, *A Century of Co-operation*, George Allen & Unwin, 1944.

29. G. D. H. Cole, *The Intelligent Man's Guide to the Post-War World*, London: V. Gollancz, 1947.

30. G. D. H. Cole, *A History of the Labour Party from 1914*, London: Routledge & K. Paul, 1948.

31. G. D. H. Cole, Essays in Social Theory, London: Macmillan, 1950.

32. G. D. H. Cole, *Introduction to Economic History, 1750 – 1950*, London: MacMillan; New York: ST Martin's Press, 1965, c1952.

33. G. D. H. Cole, *A Short History of British Working Class Movement 1789 – 1947*, London: George Allen & Unwin Ltd. , 1952.

34. G. D. H. Cole, *Attempts at General Union: A Study in British Trade Union History, 1818 – 1834*, London: Macmillan, 1953.

35. G. D. H. Cole, *Studies in Class Structure*, London: Routledge and Kegan Paul, 1955.

36. G. D. H. Cole, *La Organizaci on Politica: Doctrinas y Formas*, Mexico: Fondo de Cultura Economica, 1959, c1937.

37. G. D. H. Cole, *The British People*, London: Methuen, 1961.

## 二、柯尔的文章

1. G. D. H. Cole, "The Mysterious Homeland," in G. D. H. and M. I. Cole eds., *The Bolo Book*, London: Labour Publishing Co. and Allen & Unwin, 1921.

2. G. D. H. Cole, "A Socialist Dilemma," *New Statesman*, No. 25, 18 April 1925.

3. G. D. H. Cole, "The I. L. P. Conference," *New Statesman*, No. 26, 10 April 1926.

4. G. D. H. Cole, *Out of Work: An Introduction to the Study of Unemployment*, London: Labour Publishing Co., 1923.

5. G. D. H. Cole, "The Old Labour Party and the New," *The Statesman and the Nation*, No. 11, 1931.

6. G. D. H. Cole, "The Douglas Theory," *New Statesman and Nation*, No. 3, 1932.

7. G. D. H. Cole, "The Webbs: the Prophet of the New Order," *Current History* (New York), Vol. 37, No. 2, Nov. 1, 1932.

8. G. D. H. Cole and William Mellor, "Workers' Control and Self-government in Industry," *New Fabian Research Bureau Pamphlets*, No. 9, London, 1933.

9. G. D. H. Cole, "Towards a New Economic Theory," *Economic Tracts for the Times*, London: Macmillan, 1934.

10. G. D. H. Cole, "The meaning of Marx," *Times Literary Supplement*, 26 April 1934.

11. G. D. H. Cole, "William Morris and the Modern World," *Persons and Periods*, London, Macmillan, 1938.

12. G. D. H. Cole, "Independent Progressive," *New Statesman and Nation*, No. 16, 1938.

13. G. D. H. Cole, "William Morris and the Modern World," *Persons and Periods*, London: Macmillan, 1938.

14. G. D. H. Cole, "War Aims," *New Statesman Pamphlet*, 1939.

15. G. D. H. Cole, "Wages and Production," *New Statesman and Nation*, No. 64, 1952.

16. G. D. H. Cole, "After the Shouting," *New Statesman and Nation*, No. 64, 1952.

17. G. D. H. Cole, "The Future of Socialism," *New Statesman and Nation*, No. 59, 1955.

18. G. D. H. Cole, "The World Socialist Movement News Bulletin," No. 4, October, 1955.

19. G. D. H. Cole, "World Socialism Restated," *New Statesman* Pamphlet, 1956.

20. G. D. H. Cole, "The Striker Stricken," in Asa Briggs and John Saville ed., *Essays in Labour History 1918 – 1939*, Vol. 3, Croom Helm & Hamden (Connec.): Archon books, 1977.

### 三、其他人的专著

1. Nicolas Barr, *The Economics of the Welfare State* (4th ed.), Oxford: Oxford University Press, 2004.

2. E. Eldon Barry, *Nationalisation in British Politics*, London: Cape, 1965.

3. H. Belloc, *The Servile State* 3rd edition, London: Constable, 1927.

4. Samuel H. Beer, *British Politics in Collectivist Age*, New York: Alfred A. Knof, 1966.

5. B. R. Berelson, P. F. Lazarsfield and W. N. Macphee, *Voting*, Chicago: University of Chicago Press, 1954.

6. Isaiah Berlin, *Two Concepts of Liberty: an Inaugural Lecture Delivered before University of Oxford, on 31 October, 1958*, Oxford: Clarendon Press 1959.

7. Aneurin Bevan, *In Place of Fear*, New York: Simon and Schuster, 1952.

8. Asa Briggs, John Saville (ed.), *Essays in Labour History: in Memory of G. D. H. Cole 25 September 1889 - 14 January 1959*, London: Macmillan, 1960.

9. Brian Brivati, (etc.), *The Labour Party: A Centenary History*, London: Macmillan Press Ltd., 2000.

10. Stephon Brooke, *Labour's War: The Labour Party during the Second World War*, London: Clarendon Press, 1992.

11. Luther P. Carpenter, *G. D. H. Cole: An Intellectual Biography*, Cambridge: Cambridge University Press, 1973.

12. Walter Citrine, *Men and Work*, London: Hutchson, 1964.

13. Hugh Clegg, *Industrial Democracy and Nationalization*, Oxford: Blackwell, 1951.

14. Margaret Cole, *The Life of G. D. H. Cole*, London: Macmillan St. Martin's Press, 1971.

15. M. I. Cole, *The Story of Fabian Socialism*, London: Heinemann, 1961.

16. M. I. Cole, *Growing Up Into Revolution*, London: Longmans Green, 1949.

17. Maurice Cranston, *Freedom: A New Analysis*, London: Longman Green, 1953.

18. C. A. R. Crosland, *The Future of Socialism*, London: Macmillan, 1956.

19. R. H. S. Crossman ed., *New Fabian Essays*, London: Tuntile Press, 1952.

20. Iain Dale, ed., *Labour Party and General Election Manifestos, 1900 - 1997*, London and New York: Routledge, 2000.

21. Maurice Dobb, *Economic Journal*, No. 45, June 1935.

22. G. C. Field, *Guild Socialism: A Critical Examination*, London: Wellgardner, darton & Co., 1920.

23. Geoffrey Foote, *The Labor Party's Political Thought: A History*, London: Matin's Press, 1997.

24. Katherine L. French, *The People of the Parish*, Philadelphia: University of Pennsylvania Press, 2001.

25. Erich Fromm, *The Sane Society*, Greenwich: Fawcett, 1955.

26. John Kenneth Galbraith, *The Affluent Society*, Boston: Houghton Mifflin, 1958.

27. Daniel Gavron, *The Kibbutz: Awakening from Utopia*, Lanham: Rowman & Littlefield Publishers, Inc., 2000.

28. J. L. Hammond and Barbara Hammond, *The Skilled Labourer* 1760 – 1832 2nd ed., London: Longmans, Green, 1927.

29. Kenneth Harris, *Attlee*, London: Weidendeld and Nicolson, 1983.

30. J. F. C. Harrison, *Learning and Living*, London: Routledge & Kegan Paul, 1961.

31. Paul Q. Hirst, *Associative Democracy: New forms of Economics and Social Governance*, Cambridge: Polity Press 1996.

32. S. G. Hobson, *National Guilds and the State*, London: G. Bell and Sons, 1920.

33. Gerald L. Houseman, *G. D. H. Cole*, Boston: Twayne Publishers, 1979.

34. Kung Chuan Hsiao, *Political Pluralism: A Study in Contemporary Political Theory*, New York: Harcourt, Brace and Company, INC, 1927; London: Routledge, 2002, c1927.

35. John Hudson, *The Formation of the English Common Law*, London: Longmans, 1996.

36. Frances Hutchinson and Brian Burkitt, *The Political Economy of Social Credit and Guild Social*, London and New York: Routledge, 1997.

37. Edward Hyams, *The New Statesman: The History of the First Fifty Years 1913 – 1963*, London: Longmans Green, 1963.

38. Tudor Jones, *Remaking the Labour Party from Gaiskell to Blair*, London & New York: Routledge, 1996.

39. ComptonMackenzie: *Sinister Street*, London: Martin Secker, 1913; London: Martin Secker, 1923.

40. Joanna Mark and Steve Hunphires, *London at War*, Sidgwick and Jackson Ltd., 1985.

41. Kingsley Martin, *Father Figures*, London: Hutchinson, 1966.

42. R. B. McCallum, *The British Election of* 1945, London: Oxford Press, 1947.

43. Lester Milbrath, *Political Participation*, Chicago: Rand MaNally, 1965.

44. Ralph Miliband, *Parlimentary Socialism: A Study in the Position of Labour* (2nd edition), London: Merlin Press, 1972.

45. K. Morgan, *Labour in Power, 1945–1951*, London: Clarendon Press, 1984.

46. George Orwell, *Coming Up for Air*, London: Victor Gollancz, 1939.

47. Sidney Painter: *Feudalism and Liberty*, Baltimore: John Hopkins University Press, 1961.

48. Henry Pelling, *Labor Governments: 1945–51*, London: Macmillan, 1984.

49. Herry Pelling, etc., *A Short History of the Labour Party*, London: Macmillan Press Ltd., 1996.

50. Maurice Reckitt, *As It Happened*, London: J. M. Dent & Sons, 1941.

51. Alastair J. Reid and Henry Pelling, *A Short History of the Labour Party 12th edtion*, New York: Palgrave Macmillan, 2005.

52. Clayton Roberts and David Roberts, *A History of England, 1688 to the Present* (2), Englewood Cliffs (New Jersey): Prentice-Hall, Inc., 1980.

53. Edward Royle and James Walvin, *English Radicals and Reforms* 1760–1848, Brighton: The Harvest Press, 1982.

54. Bertrand Russell, *Proposed Roads to Freedom-Socialism, Anarchism and Syndicalism*, New York: Henry Holt and Company, 1919.

55. Bill Simpson, *Labour: the Unions and the Party: A Study of the Trade Unions and the British Labour Movement*, London: George Allen & Unwin, 1973.

56. Mary Stocks, *The Worker's Educational Association: The First Fifty Years*, London: Allen & Uwin, 1935.

57. A. L. P. Taylor, *English History: 1914–1945*, Oxford: Oxford University Press, 1979.

58. E. P. Thompson, *The Making of the English Working Class*, Harmondsworth & Ringwood: Penguin Books, 1972.

59. Noel Thompson, *G. D. H. Cole*, Hoboken: Taylor & Francis, 2012.

60. A. W. Wright, *G. D. H. Cole and Socialist Democracy*, Oxford: Clarendon Press & New York: Oxford University Press, 1979.

61. James Young, *Socialism and the English Working Class: A History of English Labour 1883–1939*, London: Harvester Wheatsheaf, 1989.

## 四、期刊论文

1. Hugh Gaitskell, "At Oxford in the Twenties", edited by Asa Briggs, John Saville, *Essays in Labour History: In Memory of G. D. H. Cole 25 September 1889–14 January 1959*, London: Macmillan, 1960.

2. Stephen K. Bailey, "What Cole Really Meant," in Asa Briggs, John Saville ed., *Essays in Labour History: In Memory of G. D. H. Cole 25 September 1889–14 January 1959*, London: Macmillan, 1960.

3. Kristine Beuret and Gerry Stoker, "The Labour Party and Neighbourhood Decentralisation: Flirtation or Commitment?" *Critical Social Policy*, 1986.

4. Ivor Brown, "G. D. H. Cole as An Undergraduate", edited by Asa Briggs, John Saville, *Essays in Labour History: In Memory of G. D. H. Cole 25 September 1889–14 January 1959*, London: Macmillan, 1960.

5. John Freeman, "Challenge to Britain," *New Statesman and Nation*, No. 65, 20 June 1953.

6. Marting Holms, "The Conservative Party and Europe," in Martin Holms (ed.), *The Eurosceptical Reader LST.*, London: Martin's Press, 1996.

7. Charles Masquelier, "Marx, Cole and the Frankfurt School: Realizing the political potential of critical social theory," *Capital & Class*, 2012.

8. William Morris, "A Dream of John Ball," in G. D. H. Cole ed., *William Morris: Stories in Prose, stories in Verse, Shorter Poems, and Essays*, London: Nonesuch Press, 1948.

9. Branco Pribicevic, *The Shop Steward's Movement and Worker's Control*, intro. by J. M. Clark, "Review: Economic Planning by G. D. H. Cole," *Political Science Quarterly*, Vol. 51, No. 3 (Sep., 1936).

10. Neil Riddell, "'The age of Cole?' G. D. H. Cole and the British Labour movement 1929 – 1933," *The Historical Journal*, Vol. 38, No. 4, 1995.

11. A. J. P. Taylor, "His Socialism Was Pure," *Tribune*, 23 January 1959.

12. Robert Webb, "On Why the NHS Is a Big Reason to Vote Labour," *New Statesman*, May 7 – 14, 2015.

13. Tom Williams, "A Voice of Property," *New Statesman and Nation*, August 18, 1951.

14. Richard Wollheim, "The Justification of Liberalism," *The Listener*, 21 June, 1956.

15. G. D. N. Worswick, "Cole and Oxford. 1938 – 1958," in Asa Briggs, John Saville ed., *Essays in Labour History: In Memory of G. D. H. Cole 25 September 1889 – 14 January 1959*, London: Macmillan, 1960.

16. Barbara Wotton, "Freedom Under Planning," in *Can Planning be Democratic?* London: 1944.

17. John Bew, "The Unromantic Hero (Attlee)," *New Statesman*, Sep. 20 – 26, 2013.

## 五、外文学位论文

1. Luther Pirie Carpenter, *G. D. H. Cole：An Intellectual Biography*, Ph. D., Harvard University history, 1967.

2. George Salem Hagar, *The Political and Social Thought of G. D. H. Cole*, Ph. D., Columbia University, 1964.

3. Joseph Ira Hyler, *The Social Thought of George Douglas Howard Cole*, Ph. D., the Ohio State University, 1975.

4. Daniel Caleb Kramer, *G. D. H. Cole, Guild Socialism, and Workers' Control of Industry*, Ph. D., University of Pennsylvania, 1964.

5. Marie Francis Theresa Mulligan, *R. H. Tawney：The Integrated Life and the Reform of Education in England, 1905—1944*, Ph. D., Simon Fraser University, 2006.

# 第二部分　中文文献

## 一、柯尔的作品

1. ［英］G. D. H. 柯尔，威廉·密洛：《基尔特社会主义发凡》，郭梦良、徐六几译，北京：北京大学社会主义研究会1920年。

2. ［英］G. D. H. 柯尔：《英国劳动组合论》，胡善恒译，上海：商务印书馆1922年版。

3. ［英］G. D. H. 柯尔：《劳动之世界》，胡善恒译，上海：商务印书馆1922年版。

4. ［英］G. D. H. 科尔：《社会论》，张东荪、吴献书译，上海：商务印书馆1922年版。

5. ［英］G. D. H. 柯尔：《英国劳动阶级运动史》，程希孟译，上海：北新书局1930年版。

6. ［英］G. D. H. 柯尔：《英国最近之社会与经济政策》，汤浩译，上海：民智书局1930年版。

7. ［英］G. D. H. 柯尔：《政治与文学》，郭祖劼译，北平：四十年代杂志社1931年版。

8. ［英］G. D. H. 柯尔：《基尔特社会主义》，吴献书译，上海：商务印书馆1932年版。

9. ［英］G. D. H. 科尔、M. I. 科尔：《现代欧洲政治经济》，樊仲云译，上海：商务印书馆1935年版。

10. ［英］G. D. H. 柯尔：《马克思之真谛》，湛小岑译，上海：商务印书馆1936年版。

11. ［英］G. D. H. 柯尔：《社会论》，吴献书译，上海：商务印书馆1936年版。

12. ［英］G. D. H. 柯尔：《论政治学与经济学之关系》，徐渭津译，上海：商务印书馆1936年版。

13. ［英］G. D. H. 柯尔：《政治原理与经济原理之关系》，孟云峤译，上海：生活书店1936年版。

14. ［英］G. D. H. 柯尔，M. I. 柯尔：《现代政治》，王聿修译，上海：进步学社1937年版。

15. ［英］G. D. H. 柯尔：《社会学说》，李平沤译，北京：商务印书馆1959年版。

16. ［英］G. D. H. 柯尔：《社会主义思想史（第一卷）：社会主义思想的先驱者，1789—1850》，何瑞丰译，北京：商务印书馆1977年版。

17. ［英］G. D. H. 柯尔：《社会主义思想史：马克思主义和无政府主义，1850—1890》第二卷，何瑞丰译，北京：商务印书馆1978年版。

18. ［英］G. D. H. 柯尔：《社会主义思想史：第二国际，1889—1914》第三卷上册，何瑞丰译，北京：商务印书馆1981年版。

19. ［英］G. D. H. 柯尔：《社会主义思想史：第二国际，1889—1914》第三卷下册，何慕李译，北京：商务印书馆1986年版。

20. ［英］G. D. H. 柯尔：《社会主义思想史：共产主义与社会民主主义，1914—1931》第四卷上册，宋宁等译，北京：商务印书馆1990年版。

21. ［英］G. D. H. 柯尔：《社会主义思想史：共产主义与社会民主主义，1914—1931》第四卷下册，奚瑞森等译，北京：商务印书馆 1994 年版。

22. ［英］G. D. H. 柯尔：《社会主义思想史（第五卷）：社会主义和法西斯主义，1931—1939》，何光莱译，北京：商务印书馆 1997 年版。

23. ［英］G. D. H. 柯尔：《费边社会主义》，夏遇南、吴澜译，北京：商务印书馆 1984 年版。

## 二、中文专著

1. 高放、黄达强：《社会主义思想史》下册，北京：中国人民大学出版社 1987 年版。

2. 陈日华：《中古英格兰地方自治研究》，南京：南京大学出版社 2011 年版。

3. 何大隆编译：《外国经济体制概论》，北京：新华出版社 1985 年版。

4. 黄宗良、林勋建：《冷战后的世界社会主义运动》，北京：北京大学出版社 2003 年版。

5. 黄宗良、孔寒冰：《世界社会主义史论》，北京：北京大学出版社 2005 年版。

6. 蒋锐、方雷：《政治断裂地带的嬗变——东欧政党与政治思潮研究》，济南：山东大学出版社 2013 年版。

7. 蓝瑛主编：《社会主义政治学说史》，上海：上海人民出版社 1992 年版。

8. 李华锋：《英国工党与工会关系研究》，北京：人民出版社 2009 年版。

9. 李华锋：《英国工党政坛沉浮与主导思想的关系研究》，北京：中国社会科学出版社 2013 年版。

10. 李强：《自由主义》，长春：吉林出版集团有限责任公司 2007 年版。

11．李毅夫、赵锦元主编：《世界民族概论》，北京：中央民族学院出版社1993年版。

12．李增洪：《13—15世纪伦敦社会各阶层分析》，北京：中国社会科学出版社2005年版。

13．林勋建主编：《西方政党是如何执政的》，北京：中共中央党校出版社2001年版。

14．苗力田、邬沧萍主编：《英汉人文社会科学词典》，北京：中国人民大学出版社2001年版。

15．闵凡祥：《国家与社会：英国社会福利观念的变迁与撒切尔政府社会福利改革研究》，重庆：重庆出版社2009年版。

16．钱乘旦：《现代文明的起源与演进》，南京：南京大学出版社1991年版。

17．钱乘旦：《工业革命与英国工人阶级》，南京：南京出版社1992年版。

18．钱乘旦、许洁明：《英国通史》，上海：上海社会科学院出版社2002年版。

19．沈汉等：《英国议会政治史》，南京：南京大学出版社1991年版。

20．阮宗泽：《第三条道路与新英国》，北京：东方出版社2001年版。

21．孙殿柏：《比较经济制度》，台北：三民书局股份有限公司1985年版。

22．唐士其：《西方政治思想史》，北京：北京大学出版社2008年版。

23．王绍光：《民主四讲》，北京：生活·读书·新知三联书店2008年版。

24．王绳祖：《国际关系史》（第五卷），北京：世界知识出版社1995年版。

25．《威尔逊及其对外主张》编译组：《威尔逊及其对外主张》，上海：上海人民出版社1975年版。

26．吴春华主编：《西方政治思想史》（第4卷），天津：天津人民出版社2005年版。

27. 伍柏麟等：《西方国有经济研究》，北京：高等教育出版社 1997 年版。

28. 徐觉哉：《社会主义流派史（修订本）》，上海：上海人民出版社 2007 年版。

29. 阎照祥：《英国政党政治史》，北京：中国社会科学出版社 1993 年版。

30. 余纪元：《亚里士多德伦理学》，北京：中国人民大学出版社 2011 年版。

31. 张光明：《布尔什维主义与社会民主主义的历史分野》，北京：中央编译出版社 1999 年版。

31. 张嘉森（张君劢）：《新德国社会民主政象记》，上海：商务印书馆 1922 年版。

32. 张志洲：《英国工党社会主义意识形态变迁研究》，北京：社会科学文献出版社 2011 年版。

33. 周春生：《马基雅维里思想研究》，上海：上海三联书店 2013 年版。

### 三、译著

1. ［英］安东尼·阿巴拉斯特：《西方自由主义的兴衰》，曹海军等译，长春：吉林人民出版社 2004 年版。

2. ［英］P. 阿姆斯特朗等：《战后资本主义大繁荣的形成和破产》，史敏等译，北京：中国社会科学出版社 1991 年版。

3. ［英］C. R. 艾德礼：《工党的展望》，吴德芬译，北京：商务印书馆 1961 年版。

4. ［英］C. R. 艾德礼：《走向社会主义的意志和道路》，郑肃译，北京：商务印书馆 1961 年版。

5. ［德］马克斯·比尔：《英国社会主义史》（上卷），何新舜译，北京：商务印书馆 1959 年版。

6. ［德］马克斯·比尔：《英国社会主义史》（下卷），何新舜译，北京：商务印书馆 1959 年版。

7. ［奥］奥托·鲍威尔：《布尔什维主义还是社会民主主义?》，史集译，北京：生活·读书·新知三联书店 1978 年版。

8. ［英］欧内斯特·巴克：《英国政治思想：从赫伯特·斯宾塞到现代》，北京：商务印书馆 1987 年版。

9. ［德］伯恩施坦：《社会主义的前提和社会民主党的任务》，北京：生活·读书·新知三联书店 1965 年版。

10. ［英］比万：《代替恐惧》，李大光译，北京：商务印书馆 1963 年版。

11. ［英］埃德蒙·伯克：《反思法国大革命》，张雅楠译，上海：上海社会科学院出版社 2014 年版。

12. ［英］托尼·布莱尔：《新工党：我对一个年轻国家的展望》，曹振寰等译，北京：世界知识出版社 1998 年版。

13. ［美］理查德·加德纳：《英镑美元外交：当代国际经济秩序的起源与展望》，符荆捷、王琛译，南京：江苏人民出版社 2014 年版。

14. ［英］安东尼·克罗斯兰：《社会主义的未来》，轩传树等译，上海：上海人民出版社 2011 年版。

15. ［美］罗伯特·科尔：《周末读完德国史》，欧阳林、高晓云、何康译，上海：上海交通大学出版社 2012 年版。

16. ［英］玛格丽特·柯尔：《费边社史》，杜安夏等译，北京：商务印书馆 1984 年版。

17. ［美］阿里夫·德里克：《后社会主义?——反思"有中国特色的社会主义"》，尔东编译，苑洁主编：《后社会主义》，北京：中央编译出版社 2007 年版。

18. ［英］休·盖茨克尔：《社会主义与国有化》，李奈西译，北京：商务印书馆 1962 年版。

19. ［美］亨利·基辛格：《大外交》，顾淑馨，林添贵译，海口：海南出版社 1998 年版。

20. ［英］安东尼·吉登斯：《第三条道路——社会民主主义的复兴》，

郑戈译，北京：北京大学出版社2000年版。

21. ［美］斯科特·戈登：《控制国家：西方宪政的历史》，应奇等译，南京：江苏人民出版社2001年版。

22. ［美］阿兰·G. 格鲁奇：《比较经济制度》，徐节文等译，北京：中国社会科学出版社1985年版。

23. ［美］阿尔文·哈维·汉森：《经济政策和充分就业》，徐宗士，朱继清译，上海：上海人民出版社1963年版。

24. ［英］霍布斯鲍姆：《极端的年代（上）》，郑明萱译，南京：江苏人民出版社1998年版。

25. ［英］艾瑞克·霍布斯鲍姆．［意］安东尼·波立陶：《霍布斯鲍姆：新千年访谈录》，殷雄．田培义译，北京：新华出版社2001年版。

26. ［英］艾瑞克·霍布斯鲍姆：《非凡的小人物》，王翔译，北京：新华出版社2001年版。

27. ［英］艾伦·胡特：《英国工会运动简史》，朱立人等译，北京：世界知识出版社1954年版。

28. ［英］丹尼斯·卡瓦纳：《英国政治：延续与变革》，刘凤霞．张正国译，北京：世界知识出版社2014年版。

29. ［匈］贝拉·库恩编：《共产国际文件汇编（第一册）》，北京：中国人民大学编译室译，北京：生活·读书·新知三联书店1965年版。

30. ［英］肯尼斯·哈里斯：《撒切尔首相传》，冯义华等译，北京：职工教育出版社1989年版。

31. ［英］弗雷德里希·奥古斯特·冯·哈耶克：《自由宪章》，杨玉生等译，北京：中国社会科学出版社1999年版。

32. ［英］戴维·赫尔德：《民主的模式》，燕继荣等译，北京：中央编译出版社1998年版。

33. ［美］E. D. 赫施：《解释的有效性》，王才勇译，北京：生活·读书·新知三联书店1991年版。

34. ［美］塞缪尔·亨廷顿：《变化社会中的政治秩序》，王冠华译，三联出版社1989年版。

35. ［英］哈罗德·拉斯基：《〈共产党宣言〉是社会主义的里程碑》，黄子祥译，北京：商务印书馆 1964 年版。

36. ［英］哈罗德·拉斯基：《我们时代的难题》，朱曾汶译，北京：商务印书馆 2001 年版。

37. ［美］卡尔·兰道尔：《欧洲社会主义思想与运动史：从产业革命到希特勒攫取政权》（下卷），北京：商务印书馆 1994 年版。

38. ［英］T. F. 林赛、马克尔·哈林顿：《英国保守党》，复旦大学世界经济研究所译，上海：上海译文出版社 1979 年版。

39. ［意］卡洛·罗塞利：《自由社会主义》，陈高华译，长春：吉林出版集团有限责任公司 2008 年版。

40. ［英］金斯利·马丁：《拉斯基评传》，奚博铨译，北京：商务印书馆 1995 年版。

41. ［英］哈罗德·麦克米伦：《麦克米伦回忆录》（3），张理京等译，北京：商务印书馆 1980 年版。

42. ［德］托马斯·迈尔：《社会民主主义导论》，殷叙彝译，北京：中央编译出版社 1996 年版。

43. ［德］托马斯·迈尔：《社会民主主义的转型：走向二十一世纪的社会民主党》，殷叙彝译，北京：北京大学出版社 2001 年版。

44. ［德］米歇尔斯：《寡头统治铁律：现代民主制度中的政党社会学》，任军峰译，天津：天津人民出版社 2003 年版。

45. ［英］戴维·米勒主编：《布莱克维尔政治思想百科全书》，邓正来编译，北京：中国政法大学出版社 2011 年版。

46. ［意］加塔诺·莫斯卡：《统治阶级》，贾鹤鹏译，北京：译林出版社 2012 年版。

47. ［英］莫尔顿、台德：《英国工人运动史（1770—1920）》，叶周等译，北京：生活·读书·新知三联书店 1962 年版。

48. ［英］肯尼迪·O. 摩根：《牛津英国通史》，王觉非等译，北京：商务印书馆 1993 年版。

49. ［英］托马斯·潘恩：《人的权利》，戴炳然译，上海：复旦大学出版社 2013 年版。

50. [美] 约瑟夫·熊彼特：《资本主义．社会主义和民主》，杨中秋译，北京：电子工业出版社 2013 年版。

51. [英] 唐纳德·萨松：《欧洲社会主义百年史》（上），姜辉等译，北京：社会科学文献出版社 2008 年版。

52. [美] 乔·萨托利：《民主新论》，冯克利等译，上海：东方出版社 1993 年版。

53. [英] 阿伦·斯克德．克里斯·库克：《战后英国政治史》，王子珍等译，北京：世界知识出版社 1985 年版。

54. [美] 斯塔夫里阿诺斯：《全球通史》，吴象婴、梁赤民译，上海：上海社会科学院出版社 1999 年版。

55. [法] 夏尔·阿列克西·德·托克维尔：《论美国的民主》（上卷），董果良译，北京：商务印书馆 1988 年版。

56. [法] 夏尔·阿列克西·德·托克维尔：《论美国的民主》（下卷），董果良译，北京：商务印书馆 1988 年版。

57. [英] 韦伯夫妇：《英国工会运动史》，陈健民译，北京：商务印书馆 1959 年版。

### 四、期刊文章

1. 陈炳辉、韩斯疆：《当代参与式民主理论的复兴》，载《厦门大学学报》（哲学社会科学版），2008 年第 6 期。

2. 陈尧：《从职能民主制到基尔特社会主义：试析 G. D. H. 科尔的参与式民主理论》，载《晋阳学刊》，2014 年第 3 期。

3. 陈尧：《折中的民主：麦克弗森的参与式民主思想》，载《上海行政学院学报》，2002 年第 5 期。

4. 高一涵：《柯尔的国家性质新论》，载《社会科学季刊》，1923 年第 1 卷第 2 号（1923 年 2 月）。

5. 郭梦良：《柯尔与卢骚》，载《东方杂志》，1924 年第 21 卷第 1 期。

6. 郭海龙：《略论国家主义对法国社会党政治观念的影响》，载《法国研究》，2014 年第 3 期。

7. 韩久海：《艺术设计中的复古主义》，载《艺术与设计》，2009 年第 11 期。

8. 黄华莉：《当代中国基层民主建构探析：结社民主理论的视角》，载《理论月刊》，2014 年第 7 期。

9. 刘超雄：《第二次世界大战与英国政治》，载《世界历史》，1990 年第 2 期。

10. 刘克华：《英国社会民主联盟在工会问题上的立场》，载《历史教学》，1983 年第 2 期。

11. 林建：《资本主义中的"社会主义细胞"：以色列"基布兹"的组织形式、发展原因及其启示》，载《当代世界与社会主义问题》，2003 年第 6 期。

12. 罗家伦：《1935 新刊介绍与批评："*Some Relations between Political and Economic Theory*" by G. D. H. Cole，1934，Macmillan & Co.，London》，载《国立武汉大学社会科学季刊》，1935 年第 5 卷第 4 期。

13. 盤错：《柯尔氏现代政治概览》，载《宇宙》（香港），1934 年第 2 期。

14. 冉隆勃等：《英国的"福利国家"》，载《西欧研究》，1985 年第 4 期。

15. 吴铭：《改良·自治·集中：二十世纪国外社会主义的几种类型》，载《当代世界与社会主义》，2000 年第 1 期。

16. 夏良才：《孙中山与基尔特社会主义》，载《近代史研究》，1991 年 02 期。

17. 殷叙彝：《社会民主主义与自由主义》，载《欧洲研究》，2006 年第 2 期。

18. 王艳勤：《罗素访华与研究系的基尔特社会主义思想》，载《湖北文理学院学报》，2012 年第 6 期。

19. 张君劢：《悬拟之社会改造同志会意见书》，载《改造》，1921 年第 4 卷第 3 期。

20. 张世鹏：《达伦多夫论民主社会主义世纪》，载《国外理论动态》，1999 年第 6 期。

21. 张允起：《宪政的伦理基础：萧公权的〈政治多元论〉及其西方宪政思想研究》，载《环球法律评论》，2004 年第 3 期。

## 五、译文

1. 《乔治·柯尔：社会主义思想史：卷五》（英国《泰晤士报〈文学增刊〉》1960 年 8 月 5 日），汇文译，载《现代外国哲学社会科学文摘》，1960 年第 11 期。

2. ［日］山田长夫著：《基尔特社会主义》，何凤圆译，载《现代外国哲学社会科学文摘》，1986 年第 4 期。

3. ［日］松村高夫：《G. D. H. 科尔和纳菲尔德社会重建调查（1941—1944 年）》，贺喜译，《"世界近现代史研究（第六辑）"学术会议录》，2009 年 12 月 1 日。

4. ［日］中岛重：《拉斯克多元国与柯尔的共同体：日本中岛重著多元的国家论最后一章》，罗瑶译，载《法政学报》，1935 年第 4 卷第 1 期。

## 六、学位论文

1. 郝涛：《五四运动与研究系》，吉林大学 2007 年硕士论文。

2. 梁军峰：《中国参与式民主发展研究》，中共中央党校 2006 年博士论文。

3. 梁利峰：《密尔的"自由社会主义"思想研究》，北京大学 2003 年硕士论文。

4. 李华锋：《英国工党与工会关系研究》，华中师范大学 2008 年博士论文。

5. 沈丹：《伯恩施坦修正主义思想研究》，北京大学 2012 年博士论文。

6. 王彦伟：《西方社会民主主义思潮在中国的影响研究》，中央党校 2013 年博士论文。

7. 吴宝爱：《韦伯夫妇的改良社会主义思想研究》，北京大学 2007 年硕士论文。

8. 乌云萨那：《张东荪社会主义思想研究》，内蒙古师范大学 2010 年硕士论文。

9. 吴韵曦：《哈罗德·拉斯基的社会主义思想研究》，中国人民大学 2013 年博士论文。

10. 张志洲：《英国工党社会主义意识形态变迁研究》，北京大学 2010 年博士论文。

# 后　记

本书是在我博士论文基础上修改、润色而成的。我于 2012 年 9 月考入北京大学国际关系学院攻读博士学位。在四年博士生涯中，身处综合宏大的学术氛围，我打开了国际视野，以宽广的视野和深邃的战略眼光观察国内外形势，并以北京大学国际关系学院深厚浓郁的学术积淀为大背景，结合具体要求，开展了若干研究。

回首前尘，"生在中原、求学北国与江南"的经历诠释了"读万卷书、行万里路"的古训。这之中，燕园四年弥足珍贵，"燕园情，千千结"。

在本书即将付梓之际，我想对相关师友、亲人表示一下谢意。

首先要感谢的是我的博士生导师张光明教授。他严谨的治学态度、求实的治学要求、中肯的谆谆教导使我受益良多。他对学术独立精神的推崇，尤其让人难忘，使我在学术上收获颇丰，没有辜负四年的好时光。此外，在北京大学，我也得到了黄宗良、唐士其、郭洁、项佐涛、庄俊举等老师的教诲，收益颇多。中国人民大学的蒲国良教授、中国政法大学的林德山教授在预答辩和答辩环节提出了宝贵的专业意见，使我受益匪浅。

我的硕士导师李继锋教授，是我在学术上的启蒙老师。是他教导我要直抒胸臆、不可人云亦云，要写真知灼见、善于创新，并指导我完成了硕士论文《基层自治与模式转换——以村民自治为中心的研究》，为博士阶段进一步关注自治相关的进展奠定了基础。我硕士阶段授业教师桑学成教授、冯治教授、汪汉忠教授、刘长江教授也在我学术启蒙阶段中给予了很多启迪。

在本书的出版过程中,要特别感谢中央编译局学术委员会评审专家们做出进行资助的决定,这肯定了本书的价值。这一过程中,季正聚研究员、崔友平教授、胡长栓教授、张文红研究员、陈家刚研究员、徐向梅研究员、朱昔群研究员等同志提供的学术方面的支持与帮助。同时,中央编译局戴隆斌研究员和聊城大学李华峰教授,对本书的出版提供的专家评审意见促进了本书的出版。中央编译出版社的薛迎春女士为本书的出版提供了中肯的意见,使得本书进一步完善。借此机会,向他们表示诚挚的谢意!

最后,我要感谢我的父母、姐姐、弟弟等亲人,是他们的包容、理解和支持,使我没有承受太大的压力,从而在一个相对宽松、融洽的环境中不断成长与进步。

愿本书的出版是我对上述领导、师友、亲人们的回报!

忆往昔,岁月峥嵘;看明朝,岁月如歌。人生壮美画作只是刚刚开篇,而整幅图景的好与坏,取决于技艺方面的不断积累和品质方面的用心历练。"束发读诗书,修德兼修身……"读书是学生时期的主要业务,而修德与修身则更是贯穿一生的大事。因此,我将不断增强自身修为,砥砺品质、磨炼意志,绘制出绚丽的画卷!

郭海龙<br>
2018 年 1 月 23 日于中央编译局

图书在版编目(CIP)数据

自由人的联合：G.D.H.柯尔的社会主义思想研究/郭海龙著. —北京：中央编译出版社，2018.9
ISBN 978-7-5117-3604-8

Ⅰ.①自…
Ⅱ.①郭…
Ⅲ.①社会主义-政治思想史-研究-英国-现代
Ⅳ.①D095.61

中国版本图书馆 CIP 数据核字(2018)第 194190 号

## 自由人的联合：G.D.H.柯尔的社会主义思想研究

| | |
|---|---|
| 出 版 人 | 葛海彦 |
| 出版统筹 | 贾宇琰 |
| 责任编辑 | 薛迎春　李媛媛 |
| 责任印制 | 刘　慧 |
| 出版发行 | 中央编译出版社 |
| 地　　址 | 北京西城区车公庄大街乙 5 号鸿儒大厦 B 座(100044) |
| 电　　话 | (010)52612345(总编室)　　　(010)52612335(编辑室)<br>(010)52612316(发行部)　　　(010)52612346(馆配部) |
| 传　　真 | (010)66515838 |
| 经　　销 | 全国新华书店 |
| 印　　刷 | 北京紫瑞利印刷有限公司 |
| 开　　本 | 710 毫米×1000 毫米　1/16 |
| 字　　数 | 148 千字 |
| 印　　张 | 10 |
| 版　　次 | 2018 年 9 月第 1 版 |
| 印　　次 | 2018 年 9 月第 1 次印刷 |
| 定　　价 | 48.00 元 |

| | | | |
|---|---|---|---|
| 网　　址： | www.cctphome.com | 邮　箱： | cctp@cctphome.com |
| 新浪微博： | @中央编译出版社 | 微　信： | 中央编译出版社(ID: cctphome) |
| 淘宝店铺： | 中央编译出版社直销店(http://shop108367160.taobao.com) | | (010)55626985 |

本社常年法律顾问：北京市吴栾赵阎律师事务所律师　闫军　梁勤
凡有印装质量问题，本社负责调换，电话：(010)55626985